豐子愷、章桂和「逃難」這兩個漢字

從小人物眼中看豐子愷的真實人生

張振剛 著

難是天，逃是傘。

其實，我們每天都在逃難。

——題記

是法平等，無有高下。

——《金剛經》

自 序

　　章桂是個九十歲的男人。我之所以稱呼他男人，而不尊他為老人，是因為他雖已年過耄耋，在過去的半個多世紀裏受盡摧殘，卻並不看破紅塵；至今眼好耳好牙口好的章桂，一個人居住在康西弄一幢破舊的房子裏，想起往事便會淚流滿面。

　　我怎麼會想到要寫章桂的呢？對於一個有近三十年小說創作經歷的人，小說同時也創作了他自己。長期以來對虛構的偏好，使我忽視甚至排斥對真人真事的記錄；我認為自己已不適應寫紀實性的文字了。可是2007年的秋天，我遭遇到了章桂。芸芸眾生中的章桂，是因為他與豐子愷的特殊關係，才進入我的視野的。章桂暫時轉換了我的寫作方向，我決定試一試紀實性散文的創作了。

　　說起來，其實我早就知道章桂了，知道他跟豐子愷及其一家在歷史上有過非常親密的關係。但是我錯過了，一錯過差不多就有十幾年，直到2007年的秋天，一個偶然的機會，我倆坐到了一張飯桌上。

　　十來個人的便宴，內有兩位長者，除九十歲的章桂，還有小他兩歲的楊喬楊子才。他們是石門灣同鄉，老相識了，抗戰時期由不同途徑流亡到桂林，曾經在那裏共同辦過一個名叫崇德書店的書店，並一起工作了兩個月，直到日本飛機把這書店化為了灰燼。

　　那天楊喬似乎興致很高，不停地說著什麼；章桂只是安靜地吃著。忽然，楊喬隔著飯桌嬉笑著說章桂怎麼怎麼，我沒聽清。但是章桂聽清了，他有點愛理不理，說，你這個人啊。

　　這一細節給了我很深的印象。後來，瑜蓀兄說起豐子愷的同時代人越來越少，與豐子愷接觸過並且瞭解豐子愷的人也越來越少，像章桂、楊喬、豐桂這樣的老先生，讓他們動手寫可能有一定困難，所以最好有人能去採訪他們。瑜蓀兄說了之後，不知為什麼，我突然心動了。於是，從去年十一月份開始到今年三月，我與章桂斷斷續續進行了四次共計十天的彌日長談。我進入了章桂的世界；與此同時，我也進入了豐子愷的一部分世界。

　　剛才說過，採訪章桂的初衷是因為豐子愷。可是，在康西弄那幢陋室裏與章桂對話之後，我決定調整焦距，把主要鏡頭對準章桂，因為我明白了，在大時代的洪流裏，一個小人物的命運同樣承受著人性的煎熬。事實上，對章桂的敘寫離不開對豐子愷敘寫的依賴；就是說，寫章桂必然要寫到豐子愷，而且從章桂的視角，豐子愷不單是一位大師，更是一個平凡、常態、多面、真實生動的普通人。這裏記敘的豐子愷的故事，許多尚不為大眾所知曉，所以也算得上是豐子愷的一部另類傳記，除了不無錦上添花的嫌疑，似有切入人性肌理的深刻。錦上添花總讓寫作者缺乏應有的寫作熱情，而抉剔人性肌理的深度細節往往會激發他持續不斷的創作激情。從這個角度看，寫作這本書仍然沒有違背我的初衷。

　　對章桂的採寫，在我是一次全新的敘述歷險。我擺脫了惱人的虛構，擺脫了對意義的苦苦追逼，只是跟隨曾經發生過的歷史事實老老實實地寫下來。讓人始料未及的是，就在我這麼做的時候，事實卻意外地閃起了文學的光焰。

美國作家湯瑪斯・沃爾夫說：「現世的每一分鐘都是四萬年歷史的結晶，日復一日，人們蒼蠅般地飛向死亡，尋找歸宿，這期間的每一刻都是窺視整個歷史的一扇窗戶。」我可以仿照湯瑪斯的話說，七十年前章桂跟隨豐子愷在石門灣開始的苦難生活，如今依然不同程度地在各處搬演著。這也許就是我努力寫作這本小書的一個理由吧。

豐子愷
章　桂　和 逃難 這兩個漢字

目 次

逃難‧第負貳站‧石門

山上有好水，平地有好花。

————馬一浮改野老路亭詩

一

　　一個人走這條路，不走那條路，既是宿命，也非宿命，既是偶然，也非偶然；這實在是所謂神火鬼火湊合的結果。章桂出生在崇德縣五涇鄉廟頭村的曹家橋，一個世代務農的貧苦人家，本來他應當繼承父輩，種田為生，然後娶妻生子，再把衣缽傳承下去，平平常常、平平靜靜、平平淡淡過完一生。但是偏偏在他

章桂與作者合影

十七歲那年，由於機緣，他遇上了一位「貴人」，命運將他領上了另一條道路。多年以後，說起來，連他自己也不能確定，這到底是幸呢，還是不幸呢？他家祖上曾經出過一位秀才，因此耕讀傳家的觀念從小就蛀蝕了他的靈魂。有一年，村上一家富戶為兒子請了個西席。這家富戶與章家有一點點拐彎親，章桂的父親爭取到了讓章桂去當伴讀的機會，因而在東家少爺開蒙的同時，章桂也跟著開了蒙。開了蒙的章桂喜歡上了文字和書畫，這無意間為他日後得以和那位「貴人」搭上話語打下了基礎。

　　舊小說不必說，從前的傳記寫傳主，也多半有一個出生環境的隱喻故事。比如陳壽在《三國志》裏，說「劉備少孤，與母販履織席為業。舍東南角離（籬）上有桑樹生，高五丈餘，遙望見童童（幢幢）如小車蓋。往來者，皆怪此樹非凡，或謂當出貴人。」劉備自己也誇口將來「必當乘此羽葆蓋車」，意思是要當皇帝。其實只不過一棵特別高大茂盛的桑樹而已；作為隱喻，那是劉備當上皇帝之後陳壽替他追認的。又比如豐子愷的老師，後來成為一代高僧弘一法師的李叔同，誕生時有喜鵲銜松枝飛入室內，落在產婦床前，被父母視為異兆。法師自己也一直將此松枝攜帶身邊，輕易不肯示人，直到他六十三歲圓寂時，這松枝還端然掛於禪榻旁的牆上。一般人也認定喜鵲銜木是一種隱喻，倒是法師自己看得明白，他只把它當作一件紀念品，長帶身邊是為了崇志其父母生育劬勞的大恩而已。章桂的出生地廟頭村，在歷史上就有過相似的隱喻事件，但它似乎並不隱喻任何人，當然更不隱喻章桂。

　　崇德一帶地處江南水鄉，河湖港汊，連水成網。五涇鄉尤其突出，小小一個彈丸小村鎮，竟有五條河流縱橫交織匯合於此，它們是：三登橋港，日暉橋港，沈店橋港，南雙橋港和北雙橋

港。港、涇，都是河的代稱，五條河匯集，現成地名就叫五行涇（方志上書寫為「五河涇」，我認為不準確。「河」就是「涇」呀！），簡稱五涇。

五涇集鎮北三里，北雙橋港支流葛家橋港的一處河灣有個村子叫廟頭村。廟頭村是因為一座廟得名的。這廟有個稀奇古怪的名字：淹蹄廟。廟名匪夷所思，其實有段傳說故事。康王泥馬渡江可以說家喻戶曉，淹蹄廟一節是它的後續故事。據傳，康王趙構騎著泥馬一路向南逃往杭州，途經五涇鎮北這個地方時，天色已晚。問起路程，說離杭州已經不遠，趙構不由得籲了一口氣，說，好了好了，總算到了！話未說完，泥馬鬆了勁，一個趔趄，一條前腿就落進河裏。本來那馬憋足一股子氣，也許能堅持到杭州，現在勁一鬆，氣就散了，一條泥腿只好掉進了河裏。後來康王是如何到的杭州不得而知，這裏的百姓卻忙碌起來。他們認為御馬的馬蹄落在河裏，這地方肯定沾染上了王氣，而沾染了王氣意味著能得福蔭，能出貴人。於是公議之後，集資修建了一座廟，這廟就叫淹蹄廟。

中國老百姓建廟好像很有隨意性，信奉誰建個廟，紀念誰也建個廟，比如岳廟、關帝廟。有些廟隔了幾代之後，甚至連這個誰是誰也搞不清楚了，比如晏公廟、張王廟，晏公是誰？張王又是誰？沒有人知道，但照樣香火很旺。不知淹蹄廟建廟之初，會不會供一隻馬蹄？懸揣起來，供一隻馬蹄似乎不大像樣，那麼，供一匹馬？但到章桂見到的時候，這廟供的卻是土地和觀音。

淹蹄廟規模不小，除了山門（山門有廡廊），有兩進殿閣。第一進供的是土主菩薩。土主就是土地，這村叫土主。土主是一對夫妻菩薩，笑吟吟，慈眉善目，非常和藹。每年二月初二是土

主菩薩生日，廟頭各村輪流做莊，擺酒慶祝，謂之吃土主酒。土主殿的後殿朝北是韋馱。隔一個很大的石板天井是第二進，第二進是觀音殿。據說觀音和韋馱是一對戀人，所以韋馱一直跟定觀音，隔一個偌大的天井守護著她。

我不知道很有特點的淹蹄廟，後來怎麼會淪落成庸常的一般廟宇。但是淹蹄的廟名，仍然昭示著這麼一個亡命故事。當我決定提筆敘寫章桂時，這個亡命故事的隱喻性其實已經悄悄來到了我的筆底。

淹蹄廟北半裏，就是章桂的血地曹家橋。曹家橋是葛家橋港北段橫跨東西的一座石橋，橋東以馮、張二姓為主，橋西主要是章姓和許姓。章桂家在橋西，他家後門臨一條彎彎的小河，那是葛家橋港的一條支流。

章家幾代之前一直小康，章桂曾祖父時，尚有幾十畝田地。敗落是從他祖父開始的，原因是染上了賭博。子承父業，章桂的父親章占奎也好這一口。一份家業到章占奎手裏，差不多已經敗光，只剩下兩畝桑園和三分秧田，因此只好租田糊口。他家租種的是石門鎮上的兩戶富戶，一戶開一家許順大米號，一戶是順福堂三相公家。饒這麼，到青黃不接時，章占奎便腆個臉上石門灣去借糧。常去借的也有兩家，一家就是其中的一個東家許順大，另一家也開米號，叫韓六麻子，在西河口。一般到蠶罷，糶了繭子，就一家一家去還債，從不拖欠。

章桂有個哥哥叫生榮，長他六歲，在南村陸家埭富戶錢鴻珍家做小長年[註1]。錢鴻珍有四個兒子，子興、文興、福興、祿興，

註1：長年，即長工。

非常調皮，仗著家裏有錢，常常欺侮生榮。生榮雖然比他們都年長，但不敢得罪他們，挨了罵挨了打都不還口不還手，也不告訴他們的父親。有一次他實在忍受不了了，就回家來向父親哭訴，父親當然也沒有辦法。章桂就對哥哥說，那你在家歇兩天吧，我去替你。

於是，章桂就到錢家去替哥幹活。那四個弟兄當然更不把章桂放在眼裏，但他們也很有策略。第一天章桂削黃豆地，四弟兄遠遠的在地頭觀望，沒什麼動作。第二天，大約他們覺得章桂和他哥一樣老實可欺，於是故技重演，開始挑釁。章桂不理他們，只管低頭削地，他們便瘋狂起來，一邊用難聽的話語諷刺奚落他，一邊動手動腳去撩惹他。章桂仍然一聲不吭，但是周身的血在往囟門上湧。那四個小傢伙以為又是一個軟蛋，便愈加來勁，竟用泥塊去扔他了。這時，章桂突然把手裏的鋤頭一扔，沖過去，一拳就把子興打到了溝裏。其他三人一下傻愣了，紛紛跪下來討饒。

章桂算是替哥哥出了口惡氣，但是哥哥不無擔心地對他說：「你這麼躁的脾氣，以後怎麼出去做長年呢？」

這件事或許是後來促成章桂去豐同裕學生意的一個重要原因。

二

1934年，即民國二十三年，是中國近代史上有名的大旱年。這年的春天就已經顯示出了旱象，雨水特別的少，落穀還不成

問題，到插秧，就有些困難了。春忙完了之後，章桂便由堂兄章雲洲領著，離開曹家橋，踏上了去石門灣的小路。那一年他十七歲。

自從教訓了陸家埭錢鴻珍家四個兒子之後，父親章占奎一直為章桂的躁脾氣擔憂著。眼見他都長成十七歲了，十七歲的孩子應該自己掙飯食了，可像他們這樣人家，除了做長年，簡直別無出路。就在這時，章雲洲上門來了。雲洲是來介紹章桂去石門灣豐同裕染坊學生意的，雲洲說：「去做個著襪長年[註2] 吧。」

說起來，章桂家與石門灣豐家多少有一點點拐彎親。豐子愷的族叔豐銘（字雲濱）即五爹爹有個女兒叫豐蘭洲，從小送給章桂大伯家，給堂兄雲洲當童養媳，此時已結婚多年。五爹爹雖然只是豐子愷的遠房叔父，但因為住在同一個屋頂下，所以關係非常親近。雲洲和妻子有時去看望五爹爹，也就與豐子愷家熟了。豐子愷呼豐蘭洲為七弟。豐蘭洲是個非常熱心腸的女人，促成章桂去豐同裕，豐蘭洲有很大的功勞。

十七歲的章桂是個美少年。那天，他穿了一套細藍格子布的新短衫，英氣勃勃。這身新衣的衣料叫美通紗，是唐家浜的外公特地到鎮上剪來為他做的。外公說，到豐家學生意，總得穿體面一點，哪能打補丁呢。後來嬸媽（豐子愷夫人）說：「雲洲弟弟說章桂家苦煞。衣裳還好麼，美通紗。」於是，穿著美通紗的十七歲少年章桂，就這麼體體面面地走進石門灣豐同裕染坊店，當了學徒。

註2：著襪長年，意思是做學徒，當店員。學徒、店員，類似長年的身份，只是不用赤腳下田，日曬雨淋。

　　豐同裕是百年老店，現在的店主應該是豐子愷，但他不指著這店養家，之所以還維持著，主要是考慮兩位先生和兩個把作師傅的生計。兩位先生，一位是豐子愷的族兄豐嘉麟，另一位名叫張芝珊。兩位是豐同裕的元老，都五、六十歲了。兩個把作師傅，一個叫夏光生，一個叫王阿康，都是紹興人。那天章桂由堂兄雲洲領著從「豐同裕染坊」黑底金字的招牌下進門，一眼就望見掛在大廳上方的匾額：「文魁」。日後細看這匾，才發現那上面還有上下兩行小字，上款為：「大清光緒二十八年。」下款為：「庚子辛丑恩正並科第八十七名豐鐄立」。豐鐄是豐子愷的父親。這匾是豐鐄1902年中舉之後立的。

　　那天，章桂就是在這塊匾額下舉行拜師儀式的。儀式非常簡單，對著先生下個跪，禮就算成了。章桂名義上是拜張芝珊作先生的，但也給豐嘉麟下了跪。兩位先生對章桂很和藹，還不忘告訴章桂，以後見到老闆豐子愷，就叫他慈伯好了。豐子愷小名慈玉。

　　惇德堂是豐氏的一處舊宅；豐同裕染坊設在它的第一進。整個惇德堂是一幢三開間三進的大宅樓。第一進後面是退堂，退堂也有一個匾額：「節孝」。然後是牆門，牆門進去是一個石板天井，過天井是第二進。第二進是正廳，堂額即「惇德堂」三個大字，落款為：「笑軒沈之渠書」。這位沈之渠先生是豐子愷父親豐鐄的老師，書法功底扎實，惇德堂堂額和豐同裕店號都是他手書的「擘窠」。第三進是廚房。廚房後面還有一小間地板間，地板間有扇後門，打開後門，隔一條一米多寬的綿紗弄，就是緣緣堂的正門了。這扇後門對章桂很重要，日後他每天三餐去緣緣堂打飯，走的就是這扇門；吃過晚飯睡覺還早，他關好店門出去閒

逛，走的也是這扇門；更有意思的是，染坊下午一般比較清閒，
章桂有時候就順腳去緣緣堂樓下西間書房，看豐子愷寫字作畫，
走的自然也是這扇門。

【同期聲】

運河大轉彎的地方，分出一條支流來。距運河約二三百
步，支流的岸旁，有一所染坊店，名曰豐同裕。店裏面
有一所老屋，名曰惇德堂。……紅羊之後就有這染坊店
和老屋。這是我父祖三代以來歌哭生聚的地方。

十年以來，我開這店全為維持店員五人的生活，非為自
己圖利，但惠而不費。因此這店在同業中有「家養店」
之名。我極願養這店，因為我小時是靠這店養活的。

——豐子愷：〈辭緣緣堂〉

三

　　章桂在染坊的主要工作是收染頭，曬染頭。染頭，就是顧客
拿來染的對象（布匹、毛線一類）。收染頭就是用桃花紙寫個票
頭（一般寫上顧客的姓名，染什麼顏色），繫在染頭上；顧客取
染頭，則收錢、上賬。空閒下來了，他就幫把作師傅曬染頭。店
門前臨河豎一個高大的木架子，染頭就晾掛在架子上晾曬；染頭
多的時候，木架上曬不夠，就挑了染筐到鎮郊草地上去攤曬。先
生們不怎麼教章桂，事實上工作也簡單，沒多少技術含量，無須
多教。章桂人很勤謹，兩位先生待他很好。

　　章桂在染坊，生活上也很安定。按慣例，學徒是沒有工資的，只在年終給三元錢，算是一年的獎金吧，但是一日三餐管飽。豐同裕傳下來的規矩：每月有兩頓肉，一頓是初一，一頓是十六，每人半斤，多半是紅燒肉。染點職工用餐在店堂裏，章桂來了以後，飯菜就由他去緣緣堂廚房搬取。飯打在一隻紅漆環柄的鼓圓形木桶裏，裝菜用竹制的多層重籃。他本來可以睡在染店樓上的，但是隔壁王囡囡家豆腐店燒的是礱糠，一天到晚礱糠灰從煙囪裏飄出來，樓上全是灰，根本無法搭鋪，所以他只好睡在店堂裏的一張榻上，早晚起落搭鋪。起落搭鋪雖然麻煩，但章桂一點也不覺得；他只感到滿足。

　　照這麼平平靜靜地做下去，三年可以滿師。滿師之後可以升為先生，就可以有一份穩定的收入。但是，章桂遇上豐子愷了。遇上豐子愷是幸呢，不幸呢？當時，他肯定認為是幸的，但是七十三年後，章桂不敢肯定了。這樣說，應該是和豐子愷無關，而和命運有關。

　　豐子愷名義上是豐同裕染坊的老闆，但他從不過問店裏的事務，只在每年的年底和兩位管事先生結一次賬。去年緣緣堂落成後，他從上海回石門灣定居，每天在新居樓下西間的書房裏寫字作畫。有時候下半晝，他也偶爾到染坊來坐坐，跟兩位先生談談天。

　　章桂已記不清怎麼一來，就跟豐子愷熟了。這也許就是緣吧。在緣緣堂結識豐子愷，不是緣也是緣了。豐子愷說，「無論何事，都是大大小小的緣所湊合的。」那麼，天下人事概括起來就是一個緣字了。所以，我更願意把緣緣堂的緣緣二字詮釋為緣乘以緣。豐子愷似乎很喜歡章桂；章桂也感到豐子愷很隨和，沒有一點點架子。章桂就叫豐子愷慈伯。

下半晝染店清閒的時候，章桂得了許可，便去緣緣堂看豐子愷寫字作畫。熟了之後，他還幫忙搭個手，比如扶一扶宣紙，比如點一根煙，續一杯茶水；有時候還幫助磨墨。磨墨是有講究的，要不輕不重，勻而不潑。鄰人也有來看作畫的，有時也幫著磨墨，但不當豐子愷的意；他就讓章桂磨，說章桂磨得好。有一天，章桂面對滿櫥滿櫥的書，露出貪婪的樣子。豐子愷就說：「要看哪本，你自己拿好了。」於是從那天開始，章桂就隔三差五來借書。借了書，晚上在油燈底下一個字一個字地讀。這樣，一兩個月下來，他們就非常熟悉了。

【同期聲】

此堂成於中華民國二十二年……形式樸素，不事雕斫而高大軒敞。正南向三開間，中央鋪方大磚，供養弘一法師所書《大智度論·十喻讚》，西室鋪地板為書房，陳列書籍數千卷。東室為飲食間，內通平屋之間為廚房，儲藏室，及工友的居室。前樓正寢為我與兩兒女的臥室，亦有書數千卷，西間為佛堂，四壁皆經書，東間及後樓皆家人臥室。

——豐子愷：〈還我緣緣堂〉

1934年8月，已持續三個多月滴雨未下了。每天，火球一樣的太陽總是準時掛在天上，乾藍乾藍的天空少有雲彩，你就是潑一桶水上去，也會立刻被吸乾了。河浜裏早已無水，河底龜裂，長出了黑綠的荒草；只有大運河尚有一線細流。為了解救乾渴的禾苗，運河兩岸的農民只好拚命向運河索水。從石門灣到崇德縣城

十八里一段河床，兩岸架起有七百五十六架水車，吱吱呀呀的車水聲日夜不停。大運河就好比一支羸弱的手臂，水車就好比紮在這手臂上抽血的針管，那麼多的針管，用不了多久，血就會被抽乾的。但是不抽又怎麼辦呢？

豐子愷那年正好要送三個女兒去省城杭州投考，來去都打這運河裏過。這情景他曾親身感受，因而以此為題材寫了兩篇文章，作了幾幅畫。兩篇文章，一篇叫〈肉腿〉，一篇叫〈送考〉；幾幅畫中最有名的一幅叫〈雲霓〉。文章和畫反映了民生的痛苦，寄託了作者深深的同情。

在如此嚴重的旱情下，章桂自然想到了家裏。但是父親不讓他回去，說你剛剛學生意，只管在染坊當好你的著襪長年。後來據說雖然這麼大的旱災，五涇、八泉一帶靠幾個大的漾潭，水源還是比較充足的。農民們用水車駁水車的辦法，將漾潭的水車到河裏，再將河裏的水車到浜汊裏，最後從浜汊將水車進田裏。章桂說，真是奇了，那一年許許多多地方顆粒無收，五涇、八泉一帶卻收成不壞。章桂體會到著襪長年的好處了，而且慈伯又對他這麼好，他工作就更加勤快了。

豐子愷杭州送考回來不久去了一趟莫干山。莫干山是著名的避暑聖地，豐子愷去莫干山主要不是避暑，而是去看望在那裏做家庭教師的三姐豐滿。就在這期間，有一天緣緣堂來了兩位不速之客。那是一對年輕的夫妻，丈夫名叫戴葆鎏，是駐瑞士的公使，妻子當時只知姓顧，後來才知道叫顧娛春。戴先生穿一套藕白色西裝，戴一副沒邊近視鏡，溫文爾雅。娛春夫人穿的是淡綠淺花短袖旗袍，奶白高跟鞋，小巧的鼻樑上同樣架一副沒邊近視

鏡。她笑吟吟的，顯得嫵媚婉約。他們是趁回國述職的空隙，專程從上海來石門灣拜訪豐子愷的。這天是章桂接待他們的。

章桂對兩位貴客說：「真是不巧了，豐先生去莫干山了。」

戴葆鎏不免有些失望，說：「真是太遺憾了。」

戴夫人說：「要是事先約一下就好了。」

戴葆鎏說：「不是時間很緊麼。——真是太不湊巧了。」

章桂就安慰他們說：「要不二位住下來等等？估計豐先生明後天也該回來了。」

戴葆鎏說：「回國時間有限，我們還有些事情要辦，恐怕不便耽擱了。——沒關係，我們參觀參觀豐先生的書齋也總算沒白來一趟。」

於是章桂就陪他們夫婦在緣緣堂各處轉了一圈。客人的興趣主要在牆上掛著的字畫，每一幅他們都看得很仔細，尤其對書房西牆上的兩副對聯更是讚不絕口。這兩副對聯，一副是弘一法師的作品：「直觀清淨觀，廣大智慧觀。梵音海潮音，勝彼世間音。」另一副是豐子愷自己的作品，是王荊公胞妹長安縣君的詩聯：「草草杯盤供笑語，昏昏燈火話平生。」

戴氏夫婦讚歎說：「真是意思好，字也好。絕了！」

戴葆鎏又在書房北門下停住了腳步。關著的北門上，圖釘釘了一幅豐子愷的近作〈雲霓〉，是還未裝表的。這幅畫既寫實又象徵，尤其那只停在水車竹竿上的小鳥，一動不動盯著兩個踏水車的農夫，非常觸動人心。

戴葆鎏望著這幅畫有點挪不動腳步了。章桂看出客人的心思，想了想，就把這幅畫取了下來，送到客人手裏，說：「戴先生喜歡，我替豐先生送給先生作個紀念吧。」

戴葆鎏顯然喜出望外，說：「可以麼？」

章桂連連說：「可以，可以。」

送走客人以後，有閒人埋怨章桂說：「你個小孩，自說三道^{註3}，你慈伯回來一頓罵是免不了了。」

章桂笑笑說：「我挨罵同你不搭界。」

其實他心裏有數，慈伯是決不會為一張畫責備他的。就在平時，鎮上人來求畫，慈伯差不多都是有求必應的；章桂還替人求他畫過一幅呢。

果然，豐子愷從莫干山回來，知道了這件事，非但不責怪章桂，還稱讚他做得對。豐子愷說：「人家不遠萬里從國外回來，喜歡我的畫，理應送他。」

戴葆鎏後來從瑞士致信豐子愷，專為贈畫一事表示道謝。為此，豐子愷更加高興，他對章桂也更加喜愛了。

【同期聲】

戴保鎏夫人顧娛春女士從上海寄來洋書兩冊……裝潢極佳，在物質精神貧乏的廣西宜山視之，更覺精美絕倫……對於保鎏、娛春二君之盛意，吾甚感謝。

——豐子愷：〈教師日記〉

註3：自說三道，即自作主張。

豐子愷
章　桂　和 逃難 這兩個漢字

逃難‧第負壹站‧杭州

好花年年有，銅錢何足誇。

——馬一浮改野老路亭詩

一

豐子愷的長女陳寶、三女軟軟即寧馨考上了杭州市立中學，次女林先考上了行素中學，豐子愷便決定暫時寄居杭城。他在省立圖書館附近的皇親巷6號租定了一幢樓房，當起了寓公。這一方面是杭州山水的吸引力，另方面也藉此可以就近照拂孩子們。在杭州居住少不了要侍侯應答的人，除了雜工，豐子愷還與染店兩位管事先生商量，將章桂也帶了去。於是這一年的早秋，章桂隨豐子愷一家第一次來到省城杭州。

青年章桂

對於在杭州生活，十七歲的章桂沒有太多的想法。他只是想，在石門

灣是過日子，在杭州也是過日子。不過從此能與慈伯朝夕相處，這是少年章桂內心一直嚮往著的。

九月裏，老天下雨了。俗話說，久旱無大雨，開始時，那雨像輕紗，霏霏地飄灑，沒等到地面就蒸發了。後來有一天，終於下起了大雨，那真稱得上是一場豪雨啊，潑瓢傾盆的。可是晚了，大片大片的禾苗早已枯焦，雨水再多也於事無補，大荒年成已經呈現。豐子愷說：「農人唉著糠秕，工人閒著工具，商人守著空櫃，只有等候來年蠶罷和麥熟了。」

不諳世事的十七歲少年章桂卻非常開心。在皇親巷6號，花園裏的樹木花草喝足雨水之後滋潤起來，變得青翠欲滴。持續的高溫降下來了，人的情緒也一下舒坦了許多。

皇親巷6號是個花園式的老宅院。院裏花木扶疏，有一個小小的池塘，池塘邊有一座假山。這宅院不知起造於何時，只知道民國初是浙江督軍夏超的別墅，現在的房東姓孔，是省財政廳的一位官員。豐家承租的是池塘假山那一邊的一幢小樓。章桂住的一間，隔壁住著房東的一個外甥女，年紀大約長章桂一兩歲。

章桂認為，他在杭州的工作其實和在石門灣的工作一樣輕鬆，但比起來，杭州的工作更加有趣，因而幹起來更加開心。概括地說，在杭州，章桂有三個工作：

第一是幫助豐子愷抄寫文稿。那時豐子愷經常向上海的《申報·自由談》、《宇宙風》、《西風》等報刊投稿。他寫好稿子後，就讓章桂謄抄一份，原稿留存，章桂謄抄的一份寄去發表。章桂那間小房間的窗下，就像模像樣地安放了一張小書桌，窗口正對花園，在書桌上抄寫或者讀書，眼目清亮。

　　第二個工作是上街採購物品。所謂採購物品，不包括買米買菜，買米買菜另有兩個做飯打雜的傭人。這兩個傭人，一個是石門灣帶來的，就是徐家娘娘。徐家娘娘是個三十來歲的女人，她主要負責做飯。另一個是個男工，叫阿毛，也三十多歲，是杭州郊區人，他主要打雜。章桂採購的是臨時需要的用品。

　　第三個工作是他最最開心的，就是隨豐子愷外出訪友或者遊玩。章桂隨豐子愷外出，豐子愷向別人介紹章桂，就說是自己的表親。為什麼說成表親呢？因為中國的習俗，一表三千里，無非表示親近的意思。但在正式場合，或在文章裏，他就稱章桂為店員、店友。不過，那時候豐子愷的確非常喜歡章桂，在給黎丁的一封信裏就曾這麼說過：「章桂生長我家，猶似子侄，對我甚是忠誠，最可靠也。」

　　豐子愷外出的第一個節目，是去「陋巷」拜訪馬一浮先生。馬一浮先生是著名的國學大師、理學家、佛學家、詩人和書法家。可他非常低調，不願意張揚，長年隱居在杭州的一條陋巷裏。所謂陋巷也者，那是豐子愷的說法。陋巷自然有巷名的，豐子愷從他的文章出發，為突出馬先生的品格，故意將巷名隱卸掉了。幾十年後當學者們需要查證的時候，這麼一條馬先生曾經寄跡過的實實在在的巷子卻變得迷茫起來，很難確證了。據馬一浮先生的史傳資料及年表，馬先生在杭州主要居住過的巷子有三條：寶極觀巷、延定巷和馬所巷。陳星先生再根據豐子愷的描述和弘一法師1928年農曆六月十九致李靜園的一封信，大致推定1918年至1933年，馬先生居住的巷子是延定巷。章桂至今對陋巷和馬宅仍保留有新鮮的印象，但巷名和宅號也一樣地茫然了。

豐子愷 章桂 和 逃難 這兩個漢字

　　在陌巷裏的馬宅被稱作湛廬，因為馬先生的號叫湛翁。章桂記得，湛廬是一所古色蒼然的老宅院，有天井，有廳，有書房，當然還有房間、廚房和雜間。廳很大，真所謂高大軒敞，廳上一聯：「匹夫常以天下為己任，君實事無不可對人言。」是馬先生的手筆。書房在裏面，書房裏也有一聯，曰：「知足常樂，能忍自受。」也是馬先生的手跡。這兩副聯語章桂至今仍記得清清楚楚。

　　馬一浮先生是除弘一法師李叔同外，讓豐子愷一生敬重和佩服的人。他每次面對馬先生都有面對神明的感覺。1938年10月，豐子愷在桂林與馬先生重逢，當馬先生離開時，豐子愷不禁為之黯然傷神。他在日記裏寫道：「途中忽見桂林城中暗淡無光，城外山色亦無理唐突，顯然非甲天下者。蓋從此刻起，桂林已是無馬先生的桂林了。」在杭州的三年裏，豐子愷不止一次去陌巷拜訪馬先生，每次差不多都帶上章桂。九十歲的章桂對我說：「馬先生和慈伯談得很投機；他們娓娓地談著，時時發出會心的笑聲。」他們談話的內容，章桂只聽得懂一兩句，但他坐在一邊一點也不覺得氣悶。他說他很喜歡馬先生濃重的紹興口音，聽他說話就像聽綸音佛語。每次去湛廬當然少不了酒。馬、豐二先生都善飲，他們一邊談話，一邊開懷暢飲，還不時雜有詩詞的吟詠。

　　豐子愷雖然希望能經常和馬先生見面，但他常常克制自己，怕打擾馬先生，所以，其實章桂去陌巷的次數遠遠超過豐子愷。為什麼呢？章桂受豐子愷差遣，給馬先生送酒去呀。每次章桂送酒，豐子愷都有附書，馬先生也必回書。書信裏也多有詩詞，章桂至今記得的有這麼兩句：「客來常攜酒，書至每附詩。」

【同期聲】

M先生則叫工人倒茶的時候說純粹的紹興土白，面對我
們談話時也作北腔的方言……他的頭圓而大，腦部特
別豐隆，假如身體不是這樣矮胖，一定負載不起。他的
眼……圓大而炯炯發光，上眼簾彎成一條堅致有力的弧
線，切著下面的深黑的瞳子。他的鬚髯從左耳根緣著臉
孔一直掛到右耳根，顏色與眼瞳一樣深黑。……他的談
話中突然發出哈哈的笑聲響亮而愉快，同他的話聲全然
不接，好像是兩個人的聲音。

——豐子愷：〈陋巷〉

　　不知從哪條渠道得到的一個馬先生的讀書故事，章桂覺得
非常神奇。故事說，馬先生有一段時間常常去浙江圖書館借書。
圖書館和馬先生家斜隔著小半個西湖，馬先生就雇一隻小船上圖
書館。他借了很多很多書，請船家幫忙搬到船裏，他則坐下來就
讀，往往上岸時差不多一小半已經讀完。過一兩天，他又要去借
書了。這似乎有點誇張，但有印證。李叔同先生就曾對豐子愷說
過：「馬先生是生而知之的。假如有一個人生出來就讀書，而且
每天讀兩本，而且讀了就會背誦，讀到馬先生的年紀，所讀的書
還不及馬先生多。」豐子愷也說：「馬先生看書報，真正是一目
十行。他談藝術時，托爾斯泰、盧那卡爾斯基都要退避三舍。」
　　豐子愷除了拜訪馬一浮先生，還造訪音樂家姜丹書先生。姜
先生和李叔同先生曾經是浙江兩級師範學校的同事，也是豐子愷
比較親近的老師。姜、李二先生「初為文字交，先即以報章文藝
相往還，繼以『南社』同文。」姜先生先民國一年受聘浙江兩級

師範教席，次年，即民國元年（1912年）農曆七月，李叔同先生也來校任教，從此成為同事。

李先生來二師後的第六天，偕姜丹書、夏丏尊二先生同遊西湖。那時節「晚暉落紅，暮山被紫，遊眾星散，流螢出林。湖岸風來，輕裾致爽。乃入湖上某亭，命治茗具。又有菱芰，陳粲盈几。短童侍坐，狂言披襟，申眉高談，樂說舊事，莊諧雜作，繼以長嘯，林鳥驚飛，殘燈不華，起視明湖，瑩然一碧；遠峰蒼蒼，若現若隱，頗涉遐想。」直到「漏下三箭，秉燭言歸。」寫成了這篇膾炙人口的散文名篇〈西湖夜遊〉。五、六年間姜、李二人「志同道合，聲應氣求，相交益契」。李叔同先生是豐子愷的恩師，李、夏和姜這麼投契，姜丹書先生自然就成為豐子愷親近的人了。如果說豐子愷對李叔同和夏丏尊二先生執的是弟子之禮的話，那麼，對姜丹書先生更接近於亦師亦友了。豐子愷的這回來作寓公，知道姜先生還在杭州，他自然要去親近的。

那時，姜先生借住在西湖邊的招賢寺。招賢寺的住持弘傘法師是弘一法師的師兄。據說弘傘法師俗名桂中和，本是軍旅出身，曾參與二次革命，退伍後悟道，於1917年發心出家。姜丹書先生借住在招賢寺一間僧房，亦如張珙借住普救寺，寺院提供膳食；所不同的，寺內沒有崔鶯鶯這樣的女眷。

豐子愷去造訪姜先生，多一半是相約出遊。他們去的地方不外湖上山上。姜丹書先生有一張古琴，琴體呈肉黃色，即便在昏暗的地方，這琴也好似沐著陽光。豐、姜二人出遊必定帶上這張琴，抱琴的當然是章桂。章桂也樂於充任琴童，每次出遊不用吩咐，就主動去取琴了。

　　章桂記憶深刻的是有一年的秋天，他們去北高峰。已是深秋時候，天高雲淡，滿山的紅葉像浸過酒一樣。他們緩緩地行走在山道上；姜、豐二人一邊走一邊說笑，山風習習，吹得他們長衫的下擺像旗子一樣獵獵作響。

　　將及山頂，轉過一處山嘴時，不遠的樹叢掩映裏出現了一家茶寮。這茶寮此時顯現，可謂地設天造。遊人一路上來，到這裏往往已筋疲力盡，唇焦口燥，一張椅子，一杯清茶，不啻蓬萊仙境了。

　　姜先生領頭走進茶寮，選定一張靠窗的板桌坐下，就有茶博士過來招呼。他們要了一壺龍井，一碟花生，一碟瓜子，就喝茶，磕瓜子，剝花生，閒聊。茶寮大約是築在山崖上的，不時有一縷一縷藍色的雲霧從窗口飄進來。窗外有一株很粗的山櫸樹，樹上有一對翠鳥一高一低地鳴唱。

　　喝夠一壺半茶，姜先生取過古琴開始撫琴。章桂不懂古琴，只是覺得琴聲丁東，幽雅清逸，纏纏綿綿，非常好聽。那天姜先生興致很高，彈了好幾首曲子，後來才知道其中就有《高山流水》。

　　北高峰因為高，景點也不多，所以一般遊人去那裏的不多。但是那天奇怪，姜先生的琴聲居然吸引來不少人，他們依在門邊靜靜地聽著。茶寮的茶博士也聽呆了，提著銅銚子站在一邊，好像一尊雕像，竟忘了為茶客續水了。

【同期聲】

前天同了兩女孩到西湖山中遊玩，天忽下雨。我們倉皇奔走，看見前方有一小廟，廟門口有三家村，其中一家是開小茶店而帶賣香燭的，我們趨之如歸。……最初因

遊山遇雨，覺得掃興；這時候山中阻雨的一種寂寥而深沉的趣味牽引了我的感興，反覺得比晴天遊山趣味更好。所謂「山色空濛雨亦奇」，我於此體會了這種境界的好處。

——豐子愷：〈山中避雨〉

二

除了與人結伴遊玩，豐子愷一個人也出去，那多半是去湖上。歷來文人學士喜歡杭州，也是因了西湖，「一半勾留是西湖」麼。在所有歌詠西湖的詩篇裏，林語堂先生認為最好最具概括力的莫過蘇東坡的一首七絕：

水光瀲灩晴方好，山色空濛雨亦奇，
若把西湖比西子，淡妝濃抹總相宜。

縱觀豐子愷一生，他也是喜愛杭州，鍾情西湖的。他曾在給友人的信中說：「杭州山水秀美如畫，我走遍中國，覺得杭州住家最好。」1947年3月他卜居靜江路湖畔小屋時門上所貼的一聯，可以集中體現他的這種喜愛和鍾情：

居臨葛嶺招賢寺，門對孤山放鶴亭。

豐子愷獨自出門遊玩，章桂記憶深刻的一次是有一年的夏天。是一個下午吧，先是在「旗下」的碧梧軒吃酒，然後去遊湖。

「旗下」是老地名，就是現在的湖濱一帶。那裏，曾經是清廷圍城九里設置的一處「旗營」，長期以來是旗人集中居住的地方。二十年前，辛亥革命後的1913年，「旗營」歸公，拆除城牆，建了馬路，闢了公園，但「旗下」這個地名留存了下來。

碧梧軒是一家專賣正宗紹興黃酒的酒店，豐子愷常常光顧那裏吃酒。那天他不知為什麼興致特別高，喝了遠遠不止一斤的老酒，起身時醺醺地都有些薄醉了。

走出酒店，豐子愷對章桂說：「遊湖去。」

這時天色向晚，而且天氣也變了，好像要起風的樣子。他們來到湖邊叫船。湖邊停泊著幾隻遊船，他們走到一隻邊上，豐子愷對船娘說：「去湖心亭。」

那船娘正彎著腰收拾東西，她並不抬頭說：「不去了。天要變了，風大，有危險。」

豐子愷聽了就有點惱，說：「什麼風不風的，不管，叫你開你就開！」

船娘這才停下手裏的活計，抬起頭來看看天，又望望豐子愷，見他長髯飄逸，以為是位老人，就不忍拂逆，說：「老先生真好興致啊。」

上船之後，豐子愷又吩咐一次，說：「去三潭印月。」

船離開湖濱慢慢向湖心駛去。大約開出二、三十米時，風果然大起來了；離湖心亭很近的時候風更大，遊船顛簸得越來越厲害了。這時，坐在籐椅上的豐子愷，兩個手拼命抓住船舷——他的酒也醒了。就聽船娘咕噥著抱怨說：「同你們說的，有危險。」說著，她便向岸上發出了求救信號。

不一會，從湖濱飛快地駛過來一艘救生艇，將他們救了回去。

後來聽救生艇上的人說，其實湖濱的安全部門早就注意到這隻遊船了，所以一見到求救信號，立刻就派出救生艇過來了。

上岸之後，豐子愷苦笑著對章桂說：「真是赤爛污。不應該不聽人家船娘的；這次我和你差一點就葬身魚腹了。」

豐子愷為人一向平和謹慎，這一次的酒後孟浪好像絕無僅有，但恰好可以見出他也有率性任情的一面。

章桂跟隨豐子愷在杭州不過短短三年時間，但那是他一生中最最愉快的三年。十七歲是人生懵懵懂懂進入青年的關口年齡，但章桂彷彿依然迷失在少年裏。如今九十歲的章桂說起豐子愷來，還說：「慈伯是『舌甜』^{註1} 我的。」他認為豐子愷當年把他當作自己的孩子一樣看待，凡買好吃的好玩的給自己的幾個子女，章桂也總分得一份。豐子愷還為他改名字，說：「你這人脾氣太躁，碰到不順心的事愛發火。你娘死得早，一個人在我這裏，要懂得自愛。我就替你把名字改一改，字音不變，章加個王字旁，桂去掉個木字旁，就叫璋圭吧。璋和圭都是美玉；你要當自己是塊美玉，要愛惜自重。」

要說那時，不和諧的音符也存在。章桂對我舉例說，就說分東西吧，見章桂也分得同樣一份，華瞻就會露出不平之色，甚至還有一點點鄙夷。其實小孩子家，這也正常。一次，應國民黨中央宣傳部長邵力子的邀請，豐子愷去南京參加一個宣傳抗日的宣傳工作會議，回來說起南京的馬路真寬，比上海的馬路要寬得多。章桂覺得上海的馬路已經很寬了，南京的馬路還要寬，能寬到什麼程度呢？於是就截樹垈根地追問。豐子愷有些不耐煩了，

註1：「舌甜」，石門灣一帶方言，意為喜歡、鍾愛。

說：「寬就寬了，哪有這許多為什麼？」華瞻見了，就笑笑說：「吃癟，吃癟。」

我現在想，也許章桂說得對，豐子愷那時候的確非常喜歡章桂，甚至待他真的如同自己的子女一樣。但是深入下去想想，還是不一樣的。說得白一點，章桂的身份決定他其實只是個僮僕。我讀過豐子愷先生差不多全部的散文作品，包括他的日記和書信。我注意到，凡提到章桂的地方，豐先生大致用四種稱呼：一是店友。店友就是店員。老早，私營商店的老板稱自己店裏的職工為「朋友」，等於北方的「夥計」，雇職工叫「喚朋友」。二是親戚。這是一種親近而模糊的稱呼，但也顯得比較客氣。三是表侄。這稱呼似乎明確多了，實際仍是模糊，一表三千里麼。但比起「親戚」來，顯然近了許多。四是直呼其名。直呼其名看似不客氣，其實最親切，那真是把他當子侄看待了。在所有那些提到章桂的地方，直呼其名最多，可見豐先生那時對章桂確是摯愛。但是，「如同自己的子女」畢竟不是「自己的子女」，在豐先生和章桂各自的潛意識裏，我想主人和僮僕的身份其實還是清晰的。我這麼說，絲毫沒有一點點詆毀和貶損的意思，我只是說出了人性底色裏的一個真相。俗話說江山好改，本性難移。人性底色的東西，是比本性更進一層的東西。本性關乎道德評判，底色和道德卻沒有任何關係。本性雖然難移，但尚有移的可能，底色卻恒定不變。以後的事實證明，我的這種判斷並不荒謬。

文學創作有一種技巧叫照應，其實這種技巧來自生活。華瞻對章桂的不滿，雖在孩童時期，作不得數的，但是二十六年後意外地發生了一次照應。我不知道這會不會是兩件完全無關的事情，但是它們就這麼照應了。不過，的的確確，在杭州的三年，

是章桂一生中最最幸福最最快樂的時光。這無論如何是讓章桂一
生都感恩豐子愷的。

逃難‧第零站‧石門

妖寇今見侵，天地為改色。

——馬一浮避兵留別詩

一

1936年豐子愷從皇親巷6號搬出來，遷居附近的田家園3號。

1937年8月13日，日軍進攻上海，在金山衛登陸，並且推進神速。轟炸機一路深入，杭州很快遭到空襲；火車站被炸，杭州人開始紛紛逃難。這時學校已放暑假，豐子愷一家都在故鄉石門灣。得到杭州空襲市民逃難的消息，豐子愷便派章桂回一趟杭州，去田家園搬取東西，順便把留在那裏看家的徐家娘娘接回來。

章桂這趟去杭州最及時了，是「八‧一三」的第二天，也就是8月14日。他記得消息是上午得到的，下午他就動身了。在堰橋邊上航船時，章桂心裏焦急，恨不得一腳就到長安鎮。可是航船只一支櫓，搖得再快也慢。好容易到了長安，他等不及船家鋪跳板，一步跨到岸上直奔火車站。

一到火車站，章桂被眼前的慘像驚呆了。車站裏牆倒壁塌，戳立在半空的柱梁焦黑黑的還在冒著縷縷細煙，地上橫七豎八躺

滿了斷臂少腿血肉模糊的屍體。——長安這麼一個小站也遭空
襲了！

　　好在火車還通，卻是晚點了許多時間，到杭州已經是晚上
了。杭州已不復一個月前的景象，路燈全部黑掉，整座城市一片
死寂。沒有公交車，章桂只好摸黑去田家園。一路連轉幾條馬
路，卻不見一個人，一條狗。走了大約一個小時才到田家園，徐
家娘娘已經睡了。叫開門，說了情況，徐家娘娘就拿來飯菜，讓
章桂吃飯。章桂草草吃了，就和徐家娘娘一起收拾東西，捆紮的
捆紮，裝袋的裝袋，幹到深夜才全部收拾完畢。

　　第二天章桂出去覓船。原以為覓船會很困難，不料十分容
易，很快就雇到一隻赤膊船，講定價錢，就搖到離田家園最近的
河岸邊。赤膊船蠻大的，桌椅櫥箱，床架藤繃，衣物被褥，日用
器皿，還有書，大包大包的書，滿滿載了一船。

　　這次離開杭州，在章桂是徹底的告別，連同逝去的歡樂時
光；在豐子愷是一別十載，直到1946年9月底，吃盡戰亂之苦後，
他才重新踏上這座心裏一直眷戀的城市。

　　這一年的11月6日，日機終於空襲石門灣了。鎮上的人原以為
石門灣是遠離滬杭線的一個偏僻水鄉小鎮，又不是戰略要地，日
本人顧不上，不會來的，可是事實上他們來了。先是這天中午，
飛來一架偵察機，盤旋一圈走了。下午二時許，來了兩架轟炸
機，在小鎮上空來來回回地投炸彈，直到四時光景才離去。這兩
個小時裏，日機一共投下十多顆炸彈，炸死三十多人，炸傷無法
統計。那些炸傷的人裏，數天之內又陸續死了三十多人。於是鎮
人紛紛扶老攜幼到鄉下逃難了。

這之後不久，一天傍晚，天淅淅瀝瀝下著雨，後河豐同裕染坊門前的河埠頭，停靠了一只有棚船。船上下來兩個中年男子，他們上岸後相跟著匆匆走進了緣緣堂。

豐子愷一家吃過晚飯，正聚在廳上為逃難的事犯愁，那兩個中年男人進屋了。豐子愷見了，不由心中一喜，說：「茂春、繼春，你們來了？」

茂春、繼春說：「慈哥哥，我們來了。」好像事先約定一樣。

豐子愷有個妹妹叫雪雪，從小送給南聖浜蔣家做童養媳，茂春是她的丈夫，繼春是茂春的弟弟。兄弟倆是來接舅家到他們那裏避難的。在這樣的情勢下，禮儀客套全都不用了，豐子愷說：「你們坐坐，我們收拾一下就走。」

雪雪、茂春夫妻白天聽到石門灣的炸彈聲，心裏非常不安，知道舅家一定遭難了。挨到天將傍黑，兄弟倆冒雨搖船來接豐子愷一家去他家避難。親情在大難中體現出來了，豐子愷一家的感激自不待言，然而沒有一個謝字。說謝，多餘啊。

匆匆收拾了一些衣物和日常用品，豐子愷一家，夫婦倆，六個兒女，三姐豐滿以及正好來作客的岳母，一共十人，在瀟瀟暮雨裏坐船離開緣緣堂，去距石門灣三、四里外的南聖浜。

【同期聲】

我的妹夫蔣茂春家在三四里外的村子——南沈浜——裏。聽見炸彈聲，立刻同他的弟弟繼春搖一隻船來，邀我們遷鄉。我們收拾衣物，於傍晚的細雨中匆匆辭別緣

豐子愷 和 逃難 這兩個漢字
章 桂

> 緣堂，登舟入鄉。沿河但見家家閉戶，處處鎖門。石門
> 灣頓成死市。河中船行如織，都是遷鄉去的。
>
> ——豐子愷：〈辭緣緣堂〉

　　章桂沒有同去；豐子愷沒邀。是顧不上，還是沒想到要邀？
女傭李家大媽也留下了，看來是沒想到邀。或者他們倆應當留下
看家？但沒有明確交待，那麼是顧不上？不管是顧不上還是沒想
到，身份應該明確了。九十歲的章桂至今說起來，依然認為那是
應該的，他說：「我又不是他們家的人。」但是看得出，神情裏
不免有些黯然，有些酸楚。顯見的，命與命是不同的了。

　　李家大媽那時快六十歲了，且耳背，她一個人睡在後面柴草
屋裏。章桂早已不在染坊了；他睡在緣緣堂退堂西間的小房間裏。
他留下來，不用說負有照看緣緣堂的責任；染坊歇業了，也須得連
帶著照看。

　　此時石門鎮上凡鄉下有親戚的都走了，剩下一些無處可逃的
人家，日機來了，就拿了細軟躲到野外去。他們認為留在屋裏不
安全，一旦落了炸彈，人不被炸死，房子坍下來也要砸死壓死。
那年章桂已經二十歲了，因為讀書看報，些許有點防空知識。他
勸大家不要輕易離開屋子，因為在曠野裏反而容易給敵機發現目
標。棉紗弄口有一幢最為隱蔽的房子，當時是鎮上的一個圖書
館，章桂建議大家可以躲避到那裏去。

　　章桂的建議是對的。事實上，11月6日那天，死在野外的遠
比死在屋裏的人數要多得多。敵機飛走後，章桂到大井頭野田畈
裏，只見桑園被彈片斜斜地削掉一大片；桑園裏，田畈裏，被炸
彈炸死機槍掃死了好多人。後來聽說家住南市的鎮上名醫魏達

三，其時正在東市出診，日機轟炸開始後，他怕待在病人家不安全，趕忙逃到附近的桑園裏，卻被日機發現，一陣機關槍，當場將他射死。

二

三天後，也就是1937年11月9日，夜裏，豐子愷偕同長女十八歲的陳寶悄悄回緣緣堂來取東西，主要是拿些書。他們把東西收拾在兩個網籃裏，卻沒有馬上走，說：「到鎮上看看去。」章桂便陪他們一起去。

鎮上黑漆漆，靜寂寂，沒半個人影；只有一兩條瘦狗趴在路口，見了他們，喑啞地吠一聲。

他們心情沉重地走著。走到堰橋頭，聽得一家樓上有人在痛苦地喊叫。喊叫聲在死寂的夜裏聽起來格外的淒厲。淒慘的叫喊聲抓住了豐子愷一行，他們不忍心馬上離開，便上樓去看看。到了樓上，只見一盞昏昏的油燈下，一個人躺在床上哀號。這人的腿被炸傷了，用布包紮著，血糊的一片。豐子愷他們當然幫不上忙，不忍久留，只好安慰幾句便趕緊下來了。回到街上，心情是更加惡劣了，心想，不知道還有多少人遭此荼毒呢？於是不敢再巡視下去了，迅速回到緣緣堂。豐子愷父女取了東西，回鄉下去了。

日子難挨，也就這麼一天天挨著。一天深夜，章桂尚未入睡，他半躺在床上就著美孚燈看書。自從來豐同裕跟隨豐子愷後，章桂養成睡前看書的習慣。這時，只聽房門外遠遠的有踢

踢踏踏的腳步聲。起初，他以為來了小偷，神經驟然繃緊，一下豎起了身子。後來腳步聲越來越近，在房門跟首停下了；章桂的心一下提到了喉嚨口。

「篤，篤，篤。」是敲房門的聲音。這聲音不重，但在靜夜裏非常清晰。

不像是賊；章桂反而更加緊張。他壯起膽子問：「誰？」

沒有回答。

章桂有點害怕了，提高嗓門又問一句：「是誰？」

還是沒有回答。

章桂僵在床上一動不動。

正在驚疑之間，驀地傳來「砰！」的一聲悶響，渾如有人砸了一把熱水瓶。因為是靜夜，這聲音聽起來格外巨大。它像一張膏藥貼在了章桂的耳朵上，久久撕不下來。

章桂到底血氣方剛，他乍起膽子翻身下床，舉著美孚燈，打開房門出去看個究竟。可是退堂裏什麼也沒有，只有牆上並排掛著豐子愷父母的兩幀照片。章桂就想，莫非爺爺奶奶顯靈，叫我們離開這裏？

這是不是迷信呢？會不會是章桂一時迷糊發生的夢魘呢？但是章桂說他清醒得很，他沒有迷糊，他在看書。章桂說，他也不相信迷信，但這是他實實在在的經歷，的確不好解釋。

第二天一早章桂去南聖浜了。不管怎麼說，他要把這件事報告給慈伯。

章桂去南聖浜的上一天，駐紮在南聖浜的一位國民黨連長對豐子愷說：「看來嘉興是守不住了；石門也只好放棄。」他勸豐子愷還是遠走高飛的好，說：「聽說凡在日本留過學的中國人，

日本人手裏都有名冊。他們一旦佔領此地，就會來找你，要你出來當漢奸；你要不願意呢，就有可能性命不保。」這樣的流言和分析，聽起來是怪嚇人的。與此同時，馬一浮先生從桐廬來信了。馬先生在信裏告訴豐子愷，他已由杭州遷居桐廬，住在迎薰坊13號。又詢問石門灣的近況如何，可否安居。隨信還附有一首油印的長詩，即著名的〈將避兵桐廬，留別杭州諸友〉。這信和詩給豐子愷一種偉大的力量，這力量要將豐子愷從故鄉拉出去。現在又聽章桂報告了這麼一件希奇的事情，幾下裏一湊合，豐子愷最終下定了外出逃難的決心。此行的最終目標應該是大後方武漢，但是第一站，先去桐廬。

幾天之後，逃難的船隻問題也解決了。10月20日，豐子愷的族弟平玉帶了他的表弟周丙潮來拜訪豐子愷。周丙潮一向仰慕豐子愷，苦於無緣得識，這一回知道他在南聖浜避難，認為機會難得，就央了表兄平玉陪他來拜訪。期間說起逃難的事，豐子愷說：「只要有一條航船載我們到杭州，之後就可以設法遠行了。」周丙潮就說，在他們悅鴻村，要一條航船再加四、五個船工到杭州，他是完全可以辦到的。同時還要求說，如果可能，他和妻兒也願意跟隨豐子愷一家一起逃難。豐子愷當即表示歡迎。於是約定第二天上午，周丙潮放船來南聖浜。

送走平玉和丙潮後，豐子愷又找章桂商量。他說：「我這一大家子，老的老，小的小，希望你能協助照顧，跟我一起走。」

章桂說：「我是願意的，但總要得到我爸爸同意吧。」

豐子愷就說：「很好。那你馬上回家，請你父親來一趟南聖浜，我當面和他商量。」

　　章桂的父親章占奎是個老實本分的農民，聽說豐先生找他商量事情，不敢怠慢，立刻放下手裏的農活，跟兒子去南聖浜。

　　在蔣家的堂屋裏，豐子愷對章占奎說：「我這一家十口人，老的老，小的小，出遠門，我怕一個人照顧不過來，所以想帶章桂跟我一起走。」

　　章占奎搓著兩隻沾了泥土的手點了一下頭，沒有說話。

　　豐子愷說：「我會像待自己兒子一樣看待他的。你放心好了。」

　　章占奎又點了一下頭，還是沒說話。

　　豐子愷說：「將來太平了，我們回來，我一定還你一個完完全全的兒子。」

　　這回章占奎說話了，他說：「你帶走他吧。」

　　豐子愷向章桂的父親章占奎打了保票，把章桂帶走了。可以確定的是，當時豐子愷的表態確是非常真誠的。後來的事實也證明，豐子愷帶走章桂是帶對了。不能想像，這一路要是沒有章桂幾個，豐子愷一家會是怎樣一種狀態。可惜，這世上存在太多的變數。八年之後，抗日戰爭勝利，豐子愷舉家復員還鄉，而困頓之中的章桂卻留在了重慶。

逃難・第壹站・桐廬

遂令陶唐人，坐飽虎狼食。

　　　　　　　——馬一浮避兵留別詩

一

悅鴻村是吳興縣治下的一個小村子，距南聖浜不遠，約「一九」路[註1]。11月21日上午，周丙潮如期放船來南聖浜。中午，吃過飯，逃難船離開南聖浜，到悅鴻村已經才夜快[註2]了。丙潮一家熱忱地招待了豐子愷一行。

逃難船到的時候，周家的主人丙潮的父親不在，他去廟裏為即將遠行的兒子祈福去了。

昨天，丙潮從南聖浜回來後，周家開了家庭會議，對逃難一事作了鄭重的商量。周父有兩個兒子，即丙潮和他哥哥，兄弟倆均已成家，並有了孫輩，但尚未分家。周父有一個基本決策，就

註1：杭嘉湖一帶，民間計算里程，習慣以九里為一個單位，「一九」就
　　　是九里，「二九」，十八里。
註2：才夜快，即傍晚。

是兩房兒孫，只能走一房，留一房。他的理由是：世事無常，尤其在這樣的戰亂年代，去和留誰也說不準哪種情況更危險。走一房，留一房，就好比將兩筆錢分存在兩家銀行，總比存在一家銀行風險要小得多。他是拿兩房兒孫五、六口人當做賭注了，往壞裏打算，一筆輸掉還有一筆，總不至於兩筆都輸掉吧。這是周父的精明，也是周父的無奈。這是戰爭對生命的輕賤啊！

商量結果，丙潮一房走，丙潮哥哥一房留。周家本是殷實人家，生離死別，比起窮人家來，更有一種割肉剜心的慘痛了。

一支逃難的隊伍就此組成，他們是：豐子愷一家老小十人，夫婦倆，六個兒女，三姐豐滿，年近七旬的岳母；丙潮一家大小三口；此外，還有族弟平玉以及章桂，共計十五人。

為安全起見，他們選擇半夜離開悅鴻村。搖船的四個精壯漢子，都是周家田莊上的人，也就是說是周家的長年。那夜正值農曆十月十九，農諺說，「二十傍傍，月上一更。」如果天氣晴好，半夜應該是朗月當空的。現在雖然天氣陰霾，雲層低厚，但由於星月的滲透，夜色並不漆黑；四野彷彿浸在濃濃淡淡的墨水裏，河流、樹木、村莊，可以依稀辨認。

船在寂靜中前進。四個船工，兩人一班，一人掌櫓，一人拉纖，「一九」一換。耳朵裏充滿的是船頭激水的聲音，嘩啦，嘩啦。這聲音叫人放心，也叫人擔心，還叫人生出絲絲莫名的惆悵。章桂提著篙子站在船頭，一為察看動靜，二為把握方向。

忽然，遠遠的水面上出現了一點燈光。會不會是漁火？憑經驗章桂認為不是，因為漁火總是貼近水面的，而那盞燈卻高高挑起。那會是什麼船呢？正在疑惑，那船漸漸近了，這才看清，那

高挑著的是一盞風燈。一跳一跳的燈影下，只見滿船都是穿了黃軍裝的兵士，原來這是一艘兵船！章桂的心一下抽緊了。

兵船船頭上站著一個別著盒子槍的軍官。軍官隔老遠喊話：「什麼人？」

章桂說：「老百姓，逃難的。」

軍官命令說：「靠過來！」

不敢違拗，只好將船頭斜攏過去。章桂重申一遍：「長官，我們是逃難的。」

軍官一面扳住船棚，一面探頭朝艙裏張望了一下，說：「你們一路過來，見到日本兵麼？」

章桂說：「沒見到日本兵。——我們是逃難出來的。」

軍官望了望船梢說：「我們是奉命開拔去雙林、菱湖一帶抗日的，正好缺少兩名船工，借你們的人用一用吧。」

軍官說完，也不容章桂他們分說，跳過兩個兵士，連拉帶推，硬勁將兩個船工劫過船去。這真應了一句俗話：秀才遇見兵，有理說不清！

軍官倒是信誓旦旦，說：「搖到菱湖放他們回來。我說話算數。」

兵船走了，這裏一船的人更加擔心了。前路茫茫，要是再遇見兵船拉夫怎麼辦？

擔心並不多餘。行不多久，他們又遇見了兩條兵船。但是，謝天謝地，總算沒再被拉夫。對話是有的，同樣被詢問有沒有見到日本兵；從中也知道了這些兵的來歷，他們有的是駐守嘉興的張發奎部，有的是千里迢迢從南方開來的廣西部隊。

船到塘棲，天已大亮，豐子愷叫停船。章桂不明白，豐子愷為什麼要在塘棲上岸。是吃早點麼？不會啊，船上備的有；再說這麼一船的人，他也決不會只顧自己一個人去用早點的。正自疑惑，豐子愷手裏捧了一套軍服上船了。章桂覺得奇怪：買一套軍服幹麼？再說，軍服也是隨便可以買的麼？

豐子愷把章桂叫到艙裏，說：「穿上。」

章桂立刻明白了豐子愷的用意。他很快穿好軍服，戴上軍帽，整好立角皮帶，活脫脫一個小小軍官呢。

穿上軍服的章桂挺胸叉腰站在船頭。對面開來的兵船接二連三多了起來，可是他們再沒有遇見麻煩了，可見是章桂身上這套「虎皮」起了作用了。就在這天深夜，逃難船安全抵達了杭州，停靠在拱宸橋下的河埠邊。

杭州全城一片昏黑，萬籟俱寂，好像這是一座死城。

離天亮尚有四、五個小時，大家草草吃些自帶的乾糧，就在船中蜷宿，等待天明。

章桂靠在後艙的艙門上正要朦朧睡去，覺得有人在推他，睜開眼一看，是慈伯。豐子愷壓低嗓門憂心忡忡地對他說：「白天我們不是聽兵船上說，菱湖、荻港已被日軍佔領了麼？」

章桂不知慈伯要說什麼，他接不上話。

豐子愷接著說：「看樣子，敵人離我們不會很遠了。如果敵軍的進攻目標，包括杭州在內的話，我估計天亮前後，我們就有可能落入敵手。」

章桂不由擔心起來，說：「那這一船老小怎麼辦？」

豐子愷說：「這就不好說了。但我最擔心的是我帶在身邊的那部畫稿。」

　　所謂畫稿，就是那年豐子愷去南京開會接受的任務：根據蔣堅忍（百里）先生的《日本帝國主義侵華史》創作的漫畫稿。這畫稿原本打算帶到大後方去出版，以鼓勵全國民眾的抗日鬥志的。

　　豐子愷說：「萬一讓敵人搜到這部畫稿，那一船人的性命肯定不保了。」

　　章桂說：「那你說怎麼辦？」

　　豐子愷說：「只有把它毀掉。」停了停又說：「沒關係，只要我能平安到達大後方，我一定會重新把它畫出來的。」

　　於是趁著黑夜，兩人把畫稿撕碎，拋入了河中。

　　天放亮的時候，日軍沒有來進攻杭州，但是拱宸橋下蕩漾的流水，已經記不起昨天深夜，曾經吞食過一本多年心血凝結成的畫稿了。

二

　　由杭州去桐廬，須得去錢塘江邊的六和塔覓車或者船，而從拱宸橋去六和塔要穿過整座杭州城，大約有三十六華里的路程。在戰時公交中斷的情況下，帶了老老小小十餘口人，靠步行，其艱難程度可想而知。所以豐子愷決定，對所攜帶的行李作一次精簡。饒這麼著，尚有三擔之數。

　　天是陰沉沉欲哭不哭的樣子。幾經周折，總算出高價雇到一乘轎子，解決了七十歲的外婆行路難的問題；丙潮三歲的兒子當然由其父親背負。這樣，這一行十五人的逃難隊伍，從拱宸橋出發，緩緩向六和塔進發了。

途經南山路時，淒厲的空襲警報響起，緊接著，前方遠遠地傳來悶悶的飛機投彈聲。路上有杭州人推測，可能敵人在炸錢江大橋了，但豐子愷一行依然硬著頭皮按既定的路線前進。

約摸下午兩點鐘光景，一行人終於來到錢塘江邊的六和塔下。一直陰沉沉飽和著雨意的天，再也撐不住，就沙沙地下起雨來。好在已經到了目的地，可是又累又餓，見路邊有一家小茶館，便走了進去。

這小茶館因為戰亂，又是陰雨天氣，幾乎沒有茶客。茶館門口，有一個賣油沸粽子的攤點。豐子愷一行進茶館後，買了幾碗茶，又買了些粽子，一邊歇腳，一邊算是進食中飯。

吃過午飯，豐子愷讓平玉和章桂去江邊尋車覓船。他倆離開茶館，沿江一路過西。車，根本連影子也見不到；江邊倒是有幾條船，但早已經被人雇定了。煙雨之中，只見錢塘江一片灰濛迷茫。屬於他們的船在哪裏呢？

天色漸漸向晚，船隻依然毫無線索。也算天無絕人之路吧，正當他們一籌莫展的時候，遠遠地走過來幾個穿黃布警服的青年。——他們遇見了一隊警察。為首的顯見是官了，果然，後來大家都叫他趙巡官。

章桂不肯放過任何可以覓到船隻的機會。他向趙巡官打聽了，並且把一大家子人困守在茶館裏焦急等待的痛苦，向這位警官傾訴，目的當然是企圖得到他的同情，從而最終找到解決交通問題的門徑。章桂說完，兩個眼充滿希望地盯住趙巡官的臉。

這位趙巡官三十來往年紀，卻長了一張麻臉。俗話說，痢痢乖作乖，也要給麻子拎草鞋。可是這位麻臉巡官非常善良，非

常富有同情心，他聽了章桂的訴說後，就說：「我們封了一條船了，本來自己要用的，現在可以讓給你們。」

這無疑如同天上掉下金元寶一樣，章桂、平玉不知要怎樣感謝這位警官才好。

事實上他們警察局包括局長在內也要逃難啊，所以假公濟私封存了幾條船，以備不時之需。現在肯勻一條出來解人困難，足見這趙巡官是位仁愛君子了。

平玉回茶館報告喜訊，章桂就跟隨趙巡官去看船。他們走到一處江灣，果然見那裏停泊著一隻航船。趙巡官叫了兩聲船主，船主便耷拉著臉慢吞吞上岸來了。

那船主是個四十來歲的農民，臉色陰沉，大約是船被封存，心裏不快吧。得知趙巡官把船讓給章桂，他緊鎖的眉頭鬆開了。於是，三人當面將船資商定：搖到桐廬城裏，四十元。然後，一面船主解纜把船搖到六和塔下，一面趙巡官和章桂去茶館取船資。到了茶館，十餘口人得到有船的消息，早已非常高興。豐子愷付過船資，一面再三申謝，一面和章桂送趙巡官出茶館。

送走趙巡官後，即刻收拾行李，陳寶姐妹攙扶外婆，一行人出茶館，迤邐向江邊走去。

三

這是一條叫作蒲鞋船的航船。顧名思義，這船的形狀就像一隻巨大的蒲鞋。蒲鞋船有一個較為寬敞的船艙，可以兼作起坐和客房。船梢較小，大約才船艙的三分之一，那裏主要是安櫓工

作的地方；平基一邊放置光光灶、菜櫥和餐具，也是船家做飯用餐的地方。船頭最小了，一般只在開船或停靠時點篙才用。有情趣的船家，還在船棚和船梢放上幾盆花草，當然都是些很賤的品種，比如粉色的鳳仙花啊，紫色的雞冠花啊，比如萬年青、滿天星啊。現在這隻船，當然無情趣可言。

夜色越來越濃重了；船在櫓聲欸乃中默默地前進。蒲鞋船的艙房再寬敞也有限，十五個逃難客擠在不足六平米的一個空間裏，舒展不了身體，只能半坐半躺。走了沒多久，滿伯（即豐滿）忍不住，就發話了。表面上是自怨自艾，其實是說給章桂聽的。

滿伯說：「這麼一小塊地方，睡了這麼多人，太擠了。阿寶她們都是大姑娘了，章桂也是小夥子了，男孩女孩睡在一處，到底不便呀。」

滿伯說的沒錯，那一年陳寶十八歲，林先十七歲，寧馨即軟軟也十六歲了，真所謂豆蔻年華啊；章桂都二十了，也正當青春年少，同睡一室是有些不方便。但現在是什麼時候，什麼狀態，還顧得上講究這個？即便平常年景，有時也講究不了，比如坐火車，買的臥鋪，一個包廂裏很可能有男有女，怎麼辦？還不照樣睡覺？

章桂清楚，滿伯是個個性很強的女人，常常率性而為，她心直口快，又有些尖刻。據說她和她的丈夫關係一直不錯，一次為幾句玩笑話，她就頂真了，竟然義無反顧堅決離婚。離婚之後，十幾年來她一個人帶了軟軟過日子，無怨無悔。豐子愷體諒三姐的艱難，就把軟軟接過來當女兒撫養。豐子愷也深知乃姐的

個性，平時儘量不去招惹她，有時給章桂買東西，也必定叮囑一句：「別叫你滿伯知道啊。」

【同期聲】

滿娘的婆母封建思想嚴重，要滿娘留在家裏不工作。滿娘不耐寂寞，有時去友人茅盾孔德沚夫婦和茅盾弟弟沈澤民處走動，他們也來看她。婆母不喜歡滿娘與人交往，也不喜歡她常回娘家。滿娘受不了，有一次回娘家後就不肯回去了，提出要離婚。我祖父早在1906年就已經去世，我祖母思想還算開通，她表態說：「糙米粉再搓也搓不成糯米團子，這兩個人不可能再團圓。」當時離婚是極其稀有的事。無奈，由我爸爸約請了曹辛漢、茅盾兩位朋友，一起在嘉興曹家，與在嘉興教數學的徐叔藩姑夫談判。終於簽約離婚，曹辛漢與茅盾兩位先生就當了離婚的證人。

——豐一吟：〈我和爸爸豐子愷〉

滿伯的話在章桂聽來，就是埋怨甚至指責，顯見他是外人了。這讓章桂感到難以為情，也感到有些傷心。他悄悄地爬出船艙，睡到船梢上去了。

不一會兒，嬸媽從艙裏出來，拉章桂回艙房睡。她柔聲說道：「睡在外面不行的。外面風大，要睡出毛病來的。」又說：「不礙事的，你們就像兄妹一樣。自家兄妹在一處，有什麼關係呢！」

　　嬤媽這個舉動是關心愛護章桂，實際上也是對滿伯不通人情的否定。嬤媽是唯一自始至終將章桂當成子侄一樣看待的人。嬤媽是讓章桂感念一輩子的親人。九十歲的章桂提起嬤媽來，眼底就會閃動起孩子一樣的光亮。

　　豐師母徐力民稱得上是一位賢淑端方的中國女性。她敦厚溫婉，心地非常非常善良。1920年長女出生，外家替雇了一個奶媽。這奶媽什麼都好，就是眼皮子淺，手腳不大乾淨。她過一陣子就要偷走陳寶身上戴的一些小掛件，金木魚啊，金老虎啊什麼的，還嫁禍於人，慌稱誰誰抱過孩子了。她是摸準了少奶奶的好脾氣，不會為這種事嚷嚷開來，弄得族中姑嫂妯娌不和的。

　　可是不久東窗事發了；這也怪這奶媽太過貪心。那一次少奶奶歸寧，要她先下樓把拎箱放在堂屋的八仙桌上。她認為機會來了，就偷走了箱子裏的一對金手鐲。她把金手鐲用小孩的尿布包好，藏在廚房後面地板間的一隻馬桶底下，打算事後去取。一對金手鐲可不是小掛件，而且少奶奶就要戴著上船的。這下子不想聲張也不行了，結果被染坊一名叫祝官的職工發現了。金手鐲用尿布包著，不問可知就是奶媽作的案。那個奶媽嚇得臉無人色。但少奶奶沒有責罰她，連一句重話也不說，反而安慰她。

　　不久，外公徐芮生知道了這事，認為這樣的人不堪再用，決定辭退這個奶媽，又怕她沒了面子，一時想不開，會做出什麼傻事，就吩咐染坊裏的一個職工，用划船護送她回她鄉下的家中，當面交給她的丈夫和婆婆。村上人就告訴護送去的人說，奶媽在豐家做了一年多，家裏都置了好幾畝田地了，看來是用偷來的金器買的。

嬤媽的舉動讓章桂感到溫暖；他感激嬤媽，但他還是睡在船梢上，不肯進艙去睡。不久，他就迷迷糊糊地睡著了。

四

半夜裏，章桂被人推醒，這才發覺身上蓋著被子。這被子是外婆替他蓋的，章桂心裏又是一熱。

推醒他的人是豐子愷和平玉。豐子愷對他說：「我們『吃板刀麵』了。」

「吃板刀麵」是石門灣一帶的土話，意思是被人算計、中人圈套了。莫非又有什麼麻煩事了？這麼想著時，他發現有什麼不對了，是了，船怎麼不走了？爬起來看時，可不是，船家把櫓抽上來，坐在一邊黑起了臉。船在江心打轉轉呢。

豐子愷再次說：「我們『吃板刀麵』了。船家訛上我們了！」

這時只聽船家問道：「你們究竟付多少船錢啊？」

平玉說：「不是說好四十元到桐廬麼？」

船家說：「可我沒見到錢。」

平玉說：「怎麼會呢？我們已經付給趙巡官了。難道他沒給你？」

船家說：「我沒拿到錢。」

豐子愷他們一聽也都急了，四十元對於逃難中的人，可不是一筆小數啊，說：「怎麼會呢？」

船家說：「我真沒拿到錢。我總不能白搖你們到桐廬吧？」

　　章桂就想，趙巡官這麼個良善人，不能吃沒這筆錢吧？不過人心難測，見錢眼開的事也有可能發生。但是，面前這船家更讓人懷疑：這會不會是個存心訛人的老江湖呢？

　　想到這裏，章桂就說：「你是故意為難，敲詐我們吧？」

　　船家哭喪著臉說：「反正我真沒拿到錢。」

　　看來這事一時無法弄明白，而現在重要的是這一船人能儘快到達桐廬。

　　豐子愷說：「這樣吧，要是你真沒拿到錢，我們也不會讓你白搖這一趟。但是我們現在身上湊不齊這四十元，等到了桐廬向親戚借來付給你。反正四十元不會少你一分。」

　　船家聽了，說：「那好吧。只是我現在一個人，搖到桐廬也吃不消，好在這兒離我們村子很近了，我再去叫個人來幫忙。」說完，他重新安上櫓，將船傍到岸邊。

　　船家上岸繫好纜繩，便沿著一條小路朝遠處的一個村莊走去。

　　待船家一走，平玉和章桂也跟著上了岸。平玉到附近稻田裏扯了一把稻草，挽成一個草圈，把它掛到岸邊的一棵樹上。平玉說：「萬一這傢伙有什麼花頭，我們遭什麼不測的話，這是個記號。」

　　章桂則暗暗盯上船家，看他是真去找幫手，還是另有不軌的圖謀。天雖然雨霧濛濛，但到底是亮星夜，拉開一段距離，還是隱隱約約看得很清楚。

　　那人進村之後，先摸到一家，叫門後說：「警察局已放了我。現在有一船客人要去桐廬。」看來這是他自己家。交代幾句後又叫開另一家，只聽他說：「搖到桐廬四十元，跟你平分。」不一會兒，那家的一個男人就跟船家一同出來了。

看來船家真不是壞人。章桂想，我們恐怕真的誤會他了。照此看來，那四十元錢他真的沒拿。那難道真是趙巡官吃沒了？

船到桐廬已是第二天上午了。船靠碼頭後，平玉對船家說：「行李先放你船上，我們去拿錢，付了錢再取東西。」

船家說：「不用了吧。我送你們去好了，順便把船錢拿了，省得你們來來去去費工夫。」不知他真想省些工夫，還是怕情況有變拿不到船錢。

一路問訊才找到迎薰坊13號，原來迎薰坊離碼頭不遠。13號是一幢高大的宅院，令章桂想不到的是，牆門口居然有兩個兵士站崗。船家一見這陣仗，好像有點害怕，兩個手禁不住在他的破短襖上擦了又擦。及至進入院子，在廳上見了馬一浮先生，那一種氣勢，船家更是站立不安了。

就在這時，平玉一把抓住船家的胸脯，說：「你個傢伙，說實話，到底拿過船錢沒有？」

船家撲通一聲跪到方磚地坪上，說：「長官，船錢我真的沒有拿過。不過現在我不要了，求長官……」

船家那種樣子實在可憐。漢官威儀一向是中國老百姓所害怕的，更何況在這兵匪作歹的戰亂年代！眾人於心不忍了，都上來勸解。豐子愷對平玉說：「算了，他搖了我們一天一夜也不容易，就如數付給他吧。」

在迎薰坊住了四天後，11月28日，豐氏逃難團又遷居離城二十里一個名叫河頭上的小村子，住在一家姓盛的鄉長家裏。不久，馬先生也遷居陽山畈湯莊。河頭上與湯莊相距不遠，豐子愷就常常帶了章桂去拜會馬先生，就像幾年前在杭州，去陌巷拜訪他一樣，而且比在杭州時還要頻繁。這就是後來非常著名的桐廬負暄了。

豐子愷 和 逃難 這兩個漢字
章 桂

逃難‧第貳站‧蘭溪

蒸黎信何辜，胡為罹鋒鏑？

——馬一浮避兵留別詩

一

然而好景不長，不久日軍攻打杭州，桐廬岌岌可危了，於是豐子愷決定再度遠行。可是盤川不夠了，豐子愷便取出一張未到期的存單，對章桂說：「只好辛苦你一趟了，去杭州中國銀行把這錢取出來。」又說：「存單沒到期，須要有個擔保。我想你可以去杭州市政府，找祕書長陳成仁，他曾在一師教過書，也算我的老師。我想他會幫我這個忙的。」

當時銀行規定，定期存款提前領取，必須有五千元以上固定資產的店鋪，或者有一定級別以上的官員作保才行。豐子愷沒有商界的朋友，只好讓章桂去找官員了。

章桂拿了存單和介紹信立刻搭車去杭州。因為動身已經是下半畫，到杭州天也黑了，他就先到「陋巷」馬一浮先生家借宿一夜。因為在杭州時他常去馬府，所以跟馬府的僕人都很熟悉。馬家人見是章桂，就很熱情地接待了他。

　　第二天早上，他離開馬府一路問訊，找到在西湖邊的杭州市政府，又很順利地見到了豐子愷的老師祕書長陳成仁先生。章桂說明來意，把介紹信遞過去，同時急切地望著陳成仁的臉色。陳成仁臉上毫無表情，他看過介紹信後說：「這雖是件小事，可是不大好辦。現在非常時期，多事之秋啊。你們不知道，市府裏頭情況複雜得很哪，一個細節上的疏漏，就有可能招來麻煩。所以，我只有對你們說聲對不住了，你們另找別人擔保吧。」

　　想不到會是這樣！

　　章桂還想懇求，陳成仁卻搖手制止了他；他埋頭看起文件來，不再理章桂了。章桂就想，也許市政府這種地方真的很複雜，也許陳成仁在市政府裏混得不怎麼樣，但是，擔保一筆數目不大的銀行存款總不成問題吧？就這麼薄情寡義呀。可是人家不肯，又有什麼辦法？

　　沒有擔保，錢就取不出來，這一趟算白跑了，只得趕緊回桐廬再說。可是趕到汽車站，已經沒車了。

　　「這麼早就沒車了？那什麼時候有車？」章桂問車站上的人。

　　「沒有了。長途車停開了。」車站上的人說。

　　「昨天還有，今天怎麼就沒有了？我昨天就是乘長途車從桐廬來杭州的。」章桂說。

　　「昨天有，但今天沒有了。車都給調光了，沒有車了。」車站上的人說。

　　「那我怎麼回桐廬呢？」章桂是問車站上的人，同時也問自己。

　　車站上的人倒是好心，就指一條路給章桂，說：「你還是馬上去三浪廟坐船吧，或許船還沒開。」

章桂問清去三浪廟的路線，拔腳就走。從汽車站到三浪廟輪船碼頭，總有兩三里路吧，等章桂緊趕慢趕趕到那裏，船倒是有，但也停開了，大約也被徵用了。倒是有三輪車，也願意去桐廬，但是坐三輪車到桐廬得多少車費啊。路跑？這麼幾十里路，走到什麼時候？慈伯他們在翹首以待啊。章桂忽然想起，剛才在車站好像看見裏面停著一輛車，會不會是車站上留給他們自己用的？這麼一想，章桂決定重回車站去碰碰運氣。

章桂的猜測沒錯，那車還真是車站留給自己內部使用的。章桂趕到時，車上已坐滿了人，司機已點著火，格格格地準備啟動。章桂一見急了，也不問青紅皂白，攀上車沿，硬是將自己從車窗裏塞了進去。

車裏真是擠啊，也不知道哪來那麼多人！難道車站有那麼多職工？看來是連家屬帶親戚朋友了。總之，章桂擠在車裏，就像一支簽硬插進籤筒裏，腳始終是懸空沒有落地，這樣一直到達桐廬。

二

雖然川資短缺，但遠行的計畫不變。豐子愷決定先去蘭溪，就像俗話說的，吃蘿蔔，吃一截剝一截。這時豐子愷的族弟平玉不知什麼原因，中途離開，去了上海；有一個在錢塘江支流分水江水文站當站長名叫車漢亮的，帶了兩個兒子加入到這支逃難隊伍。

因為當時傳言，一旦杭州被攻破，浙江很可能馬上失守。要是那樣，那麼去江西、湖南的交通就會癱瘓。萬一無車無船，就

要步行，這在別人尚可應付，七十歲小腳零丁的外婆怎麼辦？所以想來想去，只有將老人留下了。當然，要留在一個相對安全的地方。在徵得老人同意後，豐子愷就將她託付給了家在船形嶺高山頂上的友人黃賓鴻先生。

雖然平玉走了，外婆也留下了，但又加進了車漢亮父子，逃難隊伍依然龐大。這時桐廬汽車站還有班車，但班次已非常非常少，這麼一支十六人的隊伍要坐車去蘭溪，根本就不現實，於是托人在桐廬城裏租定了一條船。

1937年12月21日早上，先在河頭上坐小船去桐廬，吃過中飯，換坐租定的大船去蘭溪。船行一段路後，嬸媽忽然傷心落淚了。誰都看得出，她是想起外婆了。其實從打決定將外婆留下，她就一直不開心。你想，畢竟母女連心啊，一同逃難出來的，半道上顧了自己逃生，把老人一個人孤孤單單撇在一個陌生的地方，作為女兒，怎麼能放心？又怎麼能忍心呢？

大人不敢去捅破這層窗戶紙，孩子卻管不住，說：「外婆同來多好！」

嬸媽聽了，眼淚更是止不住了。

章桂從未見嬸媽這麼傷心過，他一張喉嚨就喊：「停船！停船！」

豐子愷說：「你要幹什麼？」

章桂說：「我們不能丟下外婆。我去接外婆。」

其實章桂也說出了豐子愷的心裏話。他將外婆安排到船形嶺，也是迫不得已的事情，終究心裏有一分歉疚啊。現在章桂主動提出去接外婆，那是再好沒有了。

船在荒野灘上靠了岸，章桂一步就跳上岸去。

【同期聲】

據我所知，是父親提出請他去接外婆。但他確實建了
大功。

——豐一吟側批

從桐廬縣城去河頭上二十里，再從河頭上去船形嶺是二十五
里，而且那二十五里是山路。章桂一路快走，走到河頭上差不多
已經天黑了。他一腳跨進房東盛家，盛家的人覺得奇怪，說：
「小章，你怎麼又回來了？」

章桂在河頭上這些日子，早已和盛家人非常熟悉，也不必客
氣，就說：「你們立刻給我做飯，我吃了好早點睡覺。半夜裏請
你們叫醒我，我要上山去接外婆一同去蘭溪。」

章桂又托盛家叫好一乘山轎，自己吃過夜飯就去睡了。二十
里路，走的又急，真累了他了，放到頭就睡著了。

半夜裏，一乘類似四川滑竿一樣的山轎離開河頭上，走在
去船形嶺的山道上。章桂因為沒有完全睡醒，一路上跟在轎子後
面磕磕絆絆地走著。天氣倒是分外的清朗；大概已是農曆十一月
二十了吧，一輪銀盆一樣的圓月靜靜地懸在山梁上。雲很淡，天
很寬廣；月光瀉在山野裏，深深淺淺，山野也就和天一樣寬廣
了。山風吹來，真是好涼啊，章桂不由得瑟縮了一下。但他的心
情很好，他認為他正在幹一件非常重要的事情。他真的很開心。

二十五里陡峭的山路彎彎曲曲，到達船形嶺時天還沒亮。船
形嶺，遠遠望去真像一艘船呢。繞過村口的三棵大樹，就進入了
村子。這個山頂上的小村子，一溜七、八戶人家，也不知哪家是
黃賓鴻先生家，只好冒昧地一家一家叫過門去了。

　　叫開黃家的門，將消息一告訴外婆，老人家高興得什麼似
的，立刻起床，忙忙地穿衣梳洗。黃家人也趕緊點火為老人
做飯。

　　吃過早飯，收拾行裝。老人家什麼東西也捨不得丟棄，所
以一個人倒有兩個大包，四個小包。這怎麼帶呢？還是轎夫有辦
法，他們將四個小包掛在前轎槓上，一個大包掛在後轎槓上，剩
下一個最大的包由章桂來背。就這樣，謝過黃家，一路下山了。

　　他們是從船形嶺直接去桐廬的，這一路四十五里，到達桐廬
汽車站時，已是上午八點多鐘了。

　　汽車站說不上是個站，只有很小的兩間平房，一間售票，
一間侯車。平房前一塊長著狗尾草的巴掌大的空地，就是停車場
了。停車場上停著一輛破破爛爛的汽車；這車灰土土的，也不知
它本來是什麼顏色，真是老掉牙了。車門緊閉著，車門前已經擠
了一大堆人，其中有三、五個學生模樣的青年在說笑著。章桂過
去打聽車情，才知道他們是上海交通大學的學生，也是去蘭溪
的。可能因為同路，又是在戰亂這樣特殊的環境下，人與人特別
容易溝通吧，三言兩語之後，他們便熟識了，一時間就彷彿鄉親
一般了。當他們知道章桂也去蘭溪，並且帶了個七十歲的老人，
還有這麼多行李，就主動過來幫忙。他們分了工：學生負責保護
外婆上車，章桂負責裝載行李。

　　車門開了，人們蜂擁著拼命往車上擠。那幾個大學生到底年
紀輕力氣大，他們用身體圍成一個圈，讓外婆走在圈內，就這麼
護著她擋開眾人，將她攙扶上了汽車。上了車，還幫她占到了一
個坐位。章桂則是一趟一趟爬木梯，把兩家的行李搬上汽車的頂
棚，用網繩紮緊。之後，他也擠上了車。

汽車沿著富春江西行，天色將晚時來到江邊一個叉道口，這裏有一個臨時停靠站。原來這車是去安徽的；去蘭溪的旅客得在這裏下車，過江轉車去蘭溪。

從停靠站到江邊渡口，約有半里多路。章桂肩扛手提那麼多的行李，領著個小腳的外婆，半里路也要走半天的。那幫大學生當然沒耐心一起陪著，就先走了，但是承諾，幫章桂他們開好房間。

外婆也很努力，總算緊走慢趕到了江邊。這時暮靄四起，渡口已經空無一人。渡船泊在南岸，渡工坐在船梢上抽煙，顯然他已經收工了。章桂不免有些焦急，就一面揮手，一面扯著脖子喊：「過江！過江！」

渡工銜著一根短煙桿一動不動地坐著，藍色的煙霧一縷一縷從他頭上升起。章桂疑心，這人會不會是個聾子？心想，這下慘了，過不了江，附近又沒有人家，難不成要在江邊露宿一宵？沒有辦法，只得又扯開嗓子朝船工苦苦懇求。但是那船工真像是聾子，仍然木頭一樣坐著，也不走，也不向這邊看。章桂真不知拿船工怎麼辦好了。

又一次應了「天無絕人之路」這句古話。正當章桂他們絕望的時候，只聽身後遠遠的傳來一陣雜亂的馬蹄聲。回身望去，見土路上煙塵滾滾，一隊七、八騎的馬隊正朝江邊走來。章桂沒來由地忽然想起家鄉的淹蹄廟；眼前的馬隊和迷失在歷史塵埃裏的康王泥馬奇妙地重合到一起。更讓章桂吃驚的是，騎著赤醬色高頭大馬的首領不是別人，竟然是錢塘江邊幫他們解決去桐廬航船的趙巡官！

　　趙巡官也認出了章桂，他滾鞍下馬，說：「小章，你們怎麼還在這裏？」

　　章桂真是欣喜極了，便把這一個月來的情況大概說了一下，又說了眼前的困境。趙巡官聽了笑笑說：「放心。」說完，走到江邊，從口袋裏掏出一個黃銅的巡捕哨，對著南岸「瞿──」一聲長鳴，那只渡船就乖乖地剪江搖了過來。

　　趙巡官讓章桂和外婆先上船。又囑咐，一會兒馬上船來，要他們一定站在馬脖子底下。他解釋說：「人站在馬前，馬是不會傷人的。切不可站到馬的身後，站到馬身後馬就會尥蹶子傷人。」

　　章桂先把行李搬到船上，然後攙扶外婆上船。緊跟著，趙巡官牽馬上船了。由於船太小，那匹火炭一樣的公馬緊挨著他倆，馬的脖子正好高高地懸在頭頂，章桂都能聞到馬濕漉漉的鼻息氣。

　　三個人一匹馬，平平穩穩地過江。江面不寬，渡江應該是一瞬間的事，但章桂卻覺得特別的綿長，他盡可以有充裕的時間跟趙巡官說點什麼。說什麼呢？去桐廬的四十元船資，你有沒有給船夫？這話問得出口麼？趙巡官那麼一個良善人，他會這麼幹麼？可是，人是複雜的，人心是很活很活的，良善人一時也有起貪心的可能啊。即使趙巡官真的昧了這四十元錢，此時的章桂好意思提起麼？他開不了這個口，他開不了。

　　這麼想著猶豫著，渡船就靠岸了。上岸之後，章桂當然對趙巡官千恩萬謝，趙巡官只是揮了揮手。章桂就覺得對不起趙巡官。真的覺得對不起。他不能那樣想他。

　　江南岸不遠是一個十幾戶人家的草鎮，鎮上倒有一家旅館。章桂他們一進旅館，就見到了那幾個上海交大的學生，他們真的已經幫忙把房間開好了。

　　12月23日上午，章桂同外婆到達蘭溪。當章桂拖著大包小包攙扶外婆走出車站時，早就等候在那裏的嬸媽和陳寶便飛也似的跑了過來。嬸媽接過章桂手裏的四個小包，淚光盈盈地說：「章桂，辛苦你了！」

　　外婆的失而復得，讓豐子愷一家非常高興。尤其嬸媽，她一顆懸著的心落地了。這不僅讓她重續了親情，撿回了孝心，卸去了擔心，更是避免了有可能因此而造成的終生遺憾。「失而復得」是豐家幾十年來一直津津樂道的事情，七十年後，豐一吟先生還懷著感激的心情對章桂說：這是他們家這輩子最最高興的一件事了！

豐子愷
章 桂 和 逃難 這兩個漢字

逃難‧第參站‧萍鄉

登高望九州，幾地猶禹域？

——馬一浮避兵留別詩

一

蘭溪某家旅館的某號房間響起了叩門聲：篤，篤，篤。正在房內休息的豐子愷起身過去開門。房門一開，門內門外的兩個人同時愣住了。之後，豐子愷一把拉住來人的手，驚喜地說：「是你啊，聚仁兄！」

來者名叫曹聚仁，是豐子愷一師時的同學。曹聚仁是金華人，但金華蘭溪向來被視作一地，所以也可算是本地人。曹聚仁是著名的記者、作家，當過暨南大學和復旦大學的教授，主編過《濤聲》、《芒種》等文藝雜誌。此時他帶筆從戎，擔任中央通訊社東南戰區的特派記者。他穿一身簇新的草綠色軍服，拴著武裝帶，皮軍靴鋥光瓦亮，一見面就哈哈大笑，伸出一個指頭點點豐子愷說：「迂夫子啊迂夫子！」

原來，曹聚仁來旅館，偶然在旅客登記簿上見到「豐仁」這個名字，便猜想這個豐仁有可能是豐子愷，便試著跑來相會，叩

開門一看，果不其然！便不由得哈哈大笑。豐仁這名字，豐子愷早已不用了，所以一般人不知道豐仁就是豐子愷。曹聚仁是他的老同學，他當然知道的。

進門坐定之後，曹聚仁說：「為什麼不用豐子愷這名字？你是怕招搖是吧？怕什麼麼。不信，你把豐子愷這旗號亮出來，保管一切會方便得多的。」

儘管後來因為對於「護生」的看法，兩人發生了嚴重分歧，以致豐子愷恨不得把「一飯之恩」的飯吐出來還他，但是曹聚仁「亮出豐子愷旗號」的建議他還是採納了。事實上，從此亮出旗號後，的確方便了許多。最突出的一個事例是1939年，豐子愷一家化整為零，從宜山撤往都勻，豐子愷本人帶了老小五人滯留在河池一家旅館，因為為店主書寫一副對聯，夥計將對聯拿到馬路上去等乾，被一位仰慕豐子愷的人見到，從而解決了交通工具，僥倖到達了目的地。

當晚，曹聚仁盡地主之誼，在一家名叫聚豐園的飯店宴請豐子愷一家，章桂也有幸忝列其中。在酒宴上，曹聚仁勸豐子愷不必西行，可以改去本省的偏僻山區永康或者仙居。起初，豐子愷認為曹聚仁的建議不無道理，但是回旅館後與家人一商量，覺得還是應當按原計劃西去長沙為妥。加之從蘭溪銀行一位崇德同鄉那裏打聽到存款可以兌領一半的信息，這樣，川資不敷的問題也解決了。因此，第二天，也即12月24日，豐子愷在旅館留下一張給曹聚仁的便箋，帶了一行人又西行了。

現在看來，也許豐、曹的蘭溪相會，是造成日後兩位老同學交惡的一個導火索。對「護生」的不同看法固然是主要原因，但我認為也不排除其他諸如誤會一類的因素。據當時在場的章桂

的描述，曹聚仁那時真是一副生氣勃勃、意氣風發的樣子。他當戰地記者，比較接近戰事的中心，接觸的人多，見到的事也多，對戰爭的殘酷性可說是感同身受，因而有過激言辭也是可以理解的。而豐子愷，相對來說是處在類似二線的位置，又有佛學的思想背景，因而更是從人性的終極性上看待這一問題。那麼，他們的意見相左，產生分歧，就在所難免了。

其實，那時候持有曹聚仁這樣觀點的人不在少數，相似的例子還可以舉出葉聖陶先生。葉先生在《蜀中書簡》中曾就馬一浮辦復性書院一事提出過異議。他在1939年4月5日一信中說：

> 馬一浮先生已來，因昌群之介，到即來看弟，弟與欣安同出遊數回。其人爽直可親，言道學而無道學氣，風格與一般所謂文人學者不同，至足欽敬。其復性書院事，想為諸翁所欲聞，茲略述之。先是當局感於新式教育之偏，擬辦一書院以濟之，論人選，或推馬先生。遂以大汽車二乘迎馬先生於宜山，意殆如古之所謂「安車蒲輪」也。（馬無眷屬，惟有親戚一家，倚以為生。）接談之頃，馬先生提出先決三條件：一，書院不列入現行教育系統；二，除春秋釋奠於先師外，不舉行任何儀式；三，不參加任何政治活動。當局居然大量，一一贊同，並撥開辦費三萬金，月給經常費三千金。而馬先生猶恐其非誠，不欲遽領，擬將書院作為純粹社會性的組織，募集基金，以期自給自足，而請當局諸人以私人名義居贊助者之列。今方函札磋商，結果如何尚未可知。院址已看過多處，大約將租烏龍寺，寺中有爾雅臺，為

犍為舍人注《爾雅》處，名稱典雅，馬先生深喜之。至
其為教，則以六藝。重體驗，崇踐履，記誦知解雖非不
重要，但視為手段而非目的。此義甚是，大家無不贊
同。然謂六藝可以統攝一切學術，乃至異域新知與尚未
發現之學藝亦可包羅無遺，則殊難令人置信。馬先生之
言曰：「我不講經學，而在於講明經術」，然則意在養
成「儒家」可知。今日之世是否需要「儒家」，大是疑
問。故弟以為此種書院固不妨設立一所，以備一格，而
欲以易天下，恐難成也。且擇師擇學生兩皆非易。國中
與馬先生同其見解者有幾？大綱相近而細節或又有異，
安能共同開此風氣？至於學生，讀過《五經》者即不易
得，又必須抱終其身無所為而為之精神，而今之世不應無
所為而為也。

在另一封信裏，葉先生說得更為清楚，他說：

最難通者，謂六藝可以統攝一切學藝，如文學、藝術統
攝於詩、樂，自然科學統攝於易，法則、政治統攝於
禮。其實此亦自大之病，仍是一切東西皆備於我，我皆
早已有之之觀念。試問一切學藝被六藝統攝了，於進德
修業、利用厚生又何裨益，恐馬先生亦無以對也。

他佩服馬一浮先生的風格，卻懷疑他的主張的實際意義，可
謂旗幟鮮明。在事隔近四十年以後的1976年，葉聖老的觀點依然
不變。他在4月16日給俞平伯先生的信中，對俞平老來信評價他的

《蜀中書簡》反應強烈，他說：「言及弟之蜀中書簡誦之數遍，感極欲涕。因兄之指示與評品，俾弟以今日客觀之我重省當時主觀之我，一若當時所言所做所想似還可以也者。」《蜀中書簡》當時曾片段發表於上海出版的《文學集林》中，馬先生和豐子愷有沒有看到，現在已無從知道，但是我想看到的可能性應該有吧。即便沒有看到，憑豐子愷和葉聖陶當時的親密關係，他們時相往還，也不會不聽到或感受到他對馬先生的這種看法。以豐子愷對馬一浮先生一貫的崇敬心理，也不見他有什麼反感的表示。何況，葉聖陶對豐子愷也曾提出過批評呢。《蜀中書簡》編號第十一的一封信裏說：

> 子愷筆下殊閒適，於此似不甚相稱，然經過這回播遷，或許風格一變。他近來仍作漫畫，弟觀之依然有形式與內容不相應之感。

第十二號信又說：

> 昨曾寄與（子愷）一長信，討論作新歌曲，並勸其改變漫畫之筆調，使形式與內容一致（彼雖畫一起起武夫，仍令人覺得是山水中人物，此殊非宜也）。

這回是明明白白的批評，豐子愷卻沒有一點點不愉快，他是將之看作老朋友之間的誠懇勸勉吧。我想，豐子愷之所以惱怒曹聚仁，除了立論的不能接受，很大程度上是由於曹的口氣和態度。

關於這一點，我猜測曹聚仁後來也反省自己了。我讀曹聚仁晚年檢討自己一生的文章，明顯感覺到了他這種反省。他認識到他自己了。用了差不多一生的時間，他認識到了。

【同期聲】

去年冬天我與曹聚仁兄在蘭溪相會，他請我全家吃飯。席上他忽然問我：「你的孩子中有幾人喜歡藝術？」我遺憾地回答說：「一個也沒有！」聚仁兄斷然地叫道：「很好！」我當時想不通不喜歡藝術「很好」的道理。今天，三月二十三日，我由長沙到漢口，就有人告訴我：「曹聚仁說你的《護生畫集》可以燒毀了！」我吃驚之下，恍然記起去冬蘭溪相會時的談話……

——豐子愷：〈一飯之恩〉

二

從蘭溪出發，一路經過衢州到達常山，水路不通了，只好改為車行。可是沒車。地陌生疏，上哪找車去？俗話說，車到山前必有路，這話現在倒過來了：山前有路沒有車。沒有車，天又作對，它又下起雨來了。淅淅瀝瀝的雨聲，讓人更加心煩意亂。

又是一個「天無絕人之路」。誰也不會想到，在這麼一個僻遠的浙西南小縣城，竟會遇見豐子愷小學同學魏蔭堂的弟弟魏蔭松！魏蔭松是浙江省公路管理局汽車修造廠的職工，這修造廠恰好設在常山。

　　等了不過一頓飯的工夫，魏蔭松借來了一輛汽車。可惜這是一輛敞蓬車，又沒有汽油；但在那樣的情況下，只要是輛車就燒高香了。花五元錢買了一桶汽油，又付給司機三元錢工資，這一段路的交通總算解決了。因為白天有可能被軍隊扣車運兵，所以商定天黑之後上路。這樣也好，一大幫人可以從從容容吃個晚飯。

　　吃過晚飯，天也黑了，老小一行上車。老天從早到晚一直陰雨綿綿，盼著開車時雨能停下來，誰知汽車發動時，雨反而大起來了。沒有雨具，只有一塊兩三尺見方的膠布，當然先要給老人和孩子；其餘人只好任雨澆淋，不一會渾身上下就濕透了。農曆十一月底邊，夜晚已經相當寒冷，又加上雨水一層一層地浸入，那樣一種淒苦，非言語可以形容。

　　汽車在浙贛交界的山嶺上穿行，路況不好，一路顛簸晃蕩，人就像篩匾上的豆粒。在通過一個峽口時，汽車的一個後輪一塌，車身就慢慢向一側倒去。眼看一場車禍即將發生，但是還好，車倒了一半卻不動了，就這樣斜在了那裏。原來幸虧是峽口，路窄，車身靠在了崖壁上。崖壁下是一條溝，溝水嘩嘩，那個塌出的後輪懸在水溝上。因為車小人多，章桂坐在車幫上，由於慣性，他差一點飛了出去，全靠機靈，迅速抓住駕駛室後面的一根鐵欄，否則後果不堪設想。

　　汽車好容易擺脫那條水溝，重新上路了。司機此後更加小心謹慎，總算一路順利到達此行的終點站江西玉山。

　　關於這一段路的終點站有兩種說法。豐一吟先生說是上饒，玉山是章桂的說法。我告訴章桂，豐一吟先生說是上饒，章桂想了一會說：「我記得是玉山。」又想了一會，說：「是玉山。」

　　是上饒還是玉山，並不重要，但我要學學良史，按當事人的記憶留此一說，以存其真。

　　行文至此，忽然想起了司馬遷。司馬遷當然是中國的首席良史了，但他也犯過一次失職的錯誤，那就是對漢武帝改革曆法這件事沒有如實記錄。大概說來，漢朝建立前，我國一直沿用顓頊曆。這個曆日制度，是以冬季十月為歲首，以九月為歲末，每年按冬、春、夏、秋的順序安排。顓頊曆創立於西元前4世紀，使用時間一長，誤差逐漸加大。漢武帝元封七年，大中大夫公孫卿、太史令司馬遷等上書武帝，建議改革曆法。這年五月，公孫卿和司馬遷受命議造新曆。經過一段時間，他們的新曆出爐，這就是《史記‧曆書》所載的《曆術甲子篇》。但是這部新曆錯誤百出，根本無法使用。於是漢武帝重新組織改革班子，重新編制曆法。在此過程中，蓋天說和渾天說展開了激烈的爭論。蓋天說認為天圓地方，它對宇宙的描述為：「蒼天如圓盤，陸地如棋局。」渾天說認為，天是一個封閉的球殼，地處其內，天球每天繞南北天極的軸線自轉一周，可以帶著日月星辰穿行地下。它對宇宙的描述為：「渾天如雞子，天體如彈丸，地如雞子中黃，孤居於內，天大而地小。」渾天說已非常接近現代天文學中渾天模型，顯然比蓋天說先進。渾天說的一代宗師巴郡的落下閎和另一位民間天文學家唐都合作，根據他們的理論編制的新曆法「晦朔弦望，皆最密」。特別是推算出太初上元甲子夜半朔旦冬至時，「日月如合璧，五星如連珠」的罕見天象，準確無誤。最終在十八家改革方案的較量中，落下閎和唐都的方案得到確認。這就是著名的《太初曆》。

　　司馬遷是這場改革曆法的首創者之一，但他信奉蓋天說，他參與編制的新曆法又遭淘汰，他非常痛苦，而且一直沒有走出這痛苦，以致他竟然沒有在《史記》中把渾天說與蓋天說這場科學爭論記錄下來，也沒有把《太初曆》記錄下來，更沒有把民間天文學家落下閎的身史、業績、歸宿記錄下來，反而把自己編制的被淘汰的《曆術甲子篇》附錄在《史記・曆書》後面。《太初曆》的主要內容是靠了《漢書・律曆志》收錄的《三統曆》才得以保存下來的。[註1]

　　那麼一部輝煌的歷史巨著尚且犯有那樣一個錯誤，何況一般性的著作呢？我這本小書更是稱不上什麼著作，本來可以用不著錙銖必較，但是既然意識到這一層，還是這麼做了。

　　在到達玉山匆匆找到一家旅店之後，第一件要做的事不是吃飯，而是生個火盆來烤乾衣服。怎麼跟旅店要的火盆，有沒有人打噴嚏，喝沒喝薑湯，甚至薑湯裏放沒放糖，這些細節，章桂統統記不起了。但是有一點可以肯定，淋了一夜的雨，這麼許多難民，無論老小，竟然沒一個人感冒。這不能不說是個奇蹟了。

三

　　從玉山去袁州（豐一吟先生說是樟樹鎮）又改坐船了。這回雇的是江西小船。章桂記憶裏，船行沒多久就進入了鄱陽湖。

註1：參閱馬執斌〈司馬遷的一次失職錯誤〉，2008年5月5日《浙江日報》。

豐子愷 章桂 和 逃難 這兩個漢字

從船艙望出去，鄱陽湖茫茫的水色和灰蒼蒼的天空混為一體，分不清邊際。只覺得船搖搖晃晃的好像停留在原地，其實是在前進的。人封閉在小小的船艙裏，白天黑夜已沒有多少區別，反正吃了睡，睡了吃，任寒風在艙外嗚咽，任冷雨打在艙面上叮咚作響。人好比嬰兒在母腹的混沌裏，把生死前途全部託付給了船夫。這讓人想起了諾亞方舟，似乎也有那樣的境界。七十年後的今天，提起這一段經歷，章桂的眼神裏，說話的語氣裏，有了詩性的光彩。海德格爾主張人應當詩意地棲居，我就想，這個所謂詩意，不僅僅指純粹與美麗，還應當包括一部分痛苦和憂傷吧？

生活的庸常無處不在，最最實際的莫過於吃喝拉撒。男女老少十幾口，局促於這麼小的一個空間裏，沒有一點點遮隔，不是數小時的短途旅行，而是幾天幾夜的長途跋涉啊！吃飯沒問題，睡覺和衣也沒問題，問題是方便。章桂的記憶裏，沿途幾乎見不到村莊；湖岸都是荒野之地，差不多全被成片成片灰白色的蘆葦覆蓋著，當然不會有廁所，連簡易的茅坑也沒有。男人小便還好辦，大便就成問題；女人可是大便小便都是問題，姑娘們尤其麻煩。唯一的辦法是儘量少喝水，甚至不喝水。可是排泄終究是難以避免的呀！阿寶、軟軟幾個女孩子要方便了，船家就將船停靠在泥岸邊。船停妥了，女孩子只管朝湖岸上望，一臉的難色。是啊，那一大片蘆葦會不會隱藏著危險？野獸？蛇蟲？人？她們望望湖岸，又回過頭望望章桂，意思是：章哥哥，你能保個駕麼？

章桂當然義不容辭，他說：「別怕，我護衛你們。」

章桂第一個跳到岸上，然後一個一個扶她們上岸。他又去蘆葦地踏看，確定沒人，沒蛇，沒野獸，就說一句：「安全。」

於是，女孩子一個一個進去。章桂就在外面警戒。完事之後，章桂又將她們一個一個扶上船，然後他自己跳上船來，對船家說：「好了，走吧。」

章桂記憶裏，小船是繞過南昌市南，往西，在袁州靠的岸。這時天色將晚，他們便在袁州找了一家旅館住了下來，打算改坐火車去長沙，當然第一步先到萍鄉。

第二天早上，豐子愷指派章桂去火車站打探情況。袁州的火車站也不好算小站，並排的幾條鐵軌停著一列一列的火車，但全都是黑污的煤車，不見一列客車。打探的結果是沒有客車；也不知是臨時停開，還是已經取消。一連幾天都是這種情況，這不免讓人十分焦慮。不得已，章桂就打起了煤車的主意。後來他瞭解到，煤車是天天去萍鄉的，每天還不止一列兩列，一趟兩趟。一個卸煤的工人告訴章桂，去萍鄉的煤車是空車，只要你爬上去，它肯定帶你到萍鄉。

章桂老實，問：「那上哪兒買票？」

工人說：「買票？問誰買票？只要上得去，不用買票。」

章桂說：「那要不要跟誰去說一聲啊？」

工人說：「反正沒人管，你爬上去就是。直達萍鄉。」

情況摸清，章桂不免歡欣鼓舞。他像一頭小鹿，一路蹦跳著回到旅館。到旅館把這信息一報告，大家也欣喜萬分，也不管天又下起小雨，立刻背起行李去車站。到了車站，選定一列空煤車，就扶老攜幼上了車。果然沒有人來干涉。

煤車當然不會有座位，也沒有可坐的對象，就是一個長方形空空大盒子，而且沒有蓋，還伸手都能沾上黑污的煤屑。人們也顧不了許多，攤一張紙就地坐了。坐下沒多久，只聽「哐當」一

聲，人都向後一仰，車就啟動，加速，勻速，好像不多一會工夫就到萍鄉了。逃難以來，還沒有一趟旅程這麼便捷過。那個工人說得不錯，「直達萍鄉。」

從煤車上下來，本打算再打聽去長沙的車，可是麻煩來了。在出口處，他們叫站上的工作人員給攔住了。問明是從袁州來的之後，工作人員便要他們補票。章桂年少氣盛，就跟他們吵了起來，理由是：這又不是正經的客車，反正是空車；袁州發車時，也沒人告訴我們要買票。章桂說：「好好的客車你們不開，這本來就不對，何況我們搭的又是順路煤車，沒座沒棚，你們瞧瞧，這一身的水濕煤污，還好意思問我們要錢？」車漢亮他們也在一邊幫腔，一時吵得不可開交。

在國難當頭的時候，搭一趟煤車會有如此不友善的事情發生，放在團結抗日的大背景下，似乎有點不可思議，但它就這麼真實地發生了。可見人性的庸常無處不在。

雙方互不相讓，吵吵嚷嚷驚動了一個人。那人擠進來問是怎麼回事，工作人員就說：「站長，他們……」

原來那人是站長。站長三、四十歲的樣子，態度顯然比職工冷靜。他剛要說什麼，豐子愷連忙上前向他解釋，並且遞上了自己的名片。

站長一見名片，眼睛頓時一亮，說：「久仰久仰！原來是豐先生，失敬得很。」

矛盾就此化解，站長客氣地請這幫難民到站長室去休息。

在站長室奉過茶後，站長問：「豐先生打算去哪裏？」

豐子愷說：「先去長沙，再去武漢。」

　　站長沉吟了一下，用商量的口氣說：「我勸先生暫時不要走了。萍鄉雖比不上你們江南，但還算太平，適合避居。先生在此地不是有個學生叫蕭而化的麼？」

　　連有個學生叫蕭而化也知道，足見這位站長對豐子愷的仰慕程度了。豐子愷為站長的熱情所感動，就決定暫時在萍鄉住下來。當時，一個地方的火車站站長是很有身份很有地位的。站長先給旅館打電話，說有十幾個人要住宿，讓他們騰出兩個大房間，後又接通了蕭而化的電話，告訴他豐子愷一家到萍鄉了，現住某某旅館。

　　吵架吵出這麼一個結果，是豐子愷一行怎麼也想不到的。這就是名人效應了。當時還沒有名人效應這種說法，但是這樣的實際效果，無論對於豐子愷，還是對於其他人，在心理上肯定產生微妙的變化；在章桂，是更加崇敬他的慈伯了。

　　第二天早上，蕭而化來旅館看望老師。這蕭而化是豐子愷立達學園時的學生，看去約有三十歲，戴一副淺邊的近視鏡，溫文爾雅，也很真誠。他沒有什麼客套話，一來就直奔主題，熱情地邀請豐老師一家到他鄉下的老家居住。他的老家離城數十里，名叫暇鴨塘。暇鴨塘，一個多有詩意的名字！

　　暇鴨塘名實相符，真是個不錯的村子。蕭家在村裏是望族，有一個氣派的祠堂，就是蕭氏祠堂。祠堂有好幾間空房，打掃出來後，正可以供豐氏逃難團十幾口人居住。

　　在暇鴨塘的那些日子，也算得上平靜了，留給章桂較深印象的是做飯。在石門灣老家時，做飯燒菜用的是柴灶。柴灶燒柴，柴分軟、硬兩類。軟柴基本是稻草，挽成蓬鬆的結，容易發火，也有一定燜力。麥收時節也燒麥秸；燒麥秸，嗶嗶剝剝像放

鞭炮。此外，豆萁、麻梗、桑條都比稻草、麥秸硬，火力也要旺得多，但還是歸在軟柴裏。硬柴基本是樹柴，桑樹、烏桕樹、楝樹，還有各種雜樹。硬柴一般要在燒大菜時才用，比如燒豬肉、羊肉、狗肉。暇鴨塘幾乎沒有柴灶；不是煤都麼，煤便宜，家家都燒煤，用煤灶、煤爐子。石門灣是很少見到煤的，煤灶、煤爐就從來沒見過；現在要入鄉隨俗，只有向當地人學習。這許多人裏還真是只有章桂學會了，於是每天發煤灶的活兒就由章桂來擔任。

　　一次，章桂要去城裏辦事，車漢亮就說：「今天我來發煤灶，不信我就發它不著。」車漢亮也是好心，他想分擔一點家務活。他用鐵錘把煤塊砸碎，鋪在引火柴上，點燃引火柴後就拼命用扇子扇。可是扇了半天不見火苗子躥上來，倒弄得滿屋滿院子都是煙，他自己也被嗆得連連咳嗽，滿臉的眼淚鼻涕。孀媽見了就笑著說：「你們別瞎忙了，還是老老實實讓章桂來發吧。否則，吃不成飯了。」從此，每當章桂去城裏辦事，買菜啊，去郵局取書報啊，總是先把煤灶發著再走。就這個，章桂直到現在說起來還很是得意。

　　這年的春節（西曆已經轉年，即1938年的1月31日），是在暇鴨塘過的。這是逃難以來過的第一個春節。在遠離家鄉千里之外的異鄉客地過春節，章桂覺得非常新奇，也有些許牽掛的落寞和惆悵。

　　【同期聲】

　　二月九日天陰，居萍鄉暇鴨塘蕭祠已經二十多天了，這裏四面是田，田外是山，人跡少到，靜寂如太古。

　　　　　　　　　　　——豐子愷：〈還我緣緣堂〉

逃難‧第肆站‧武漢

瑣尾豈不傷，三界同漂泊。

——馬一浮避寇述懷詩

在暇鴨塘住了一個多月，
一天，長沙開明書店的劉甫琴
經理來信相邀，豐子愷決定再
度西行。這回仍然坐船，先到醴
陵，再到湘潭。本想把家安在湘
潭的，但是根本就找不到房子，
所以只好一同去長沙。長沙的住
房也相當緊張，全靠蕭而化的幫
助，總算在南門外的天鵝塘旭鳴
裏租屋住了下來。

武漢時期的豐子愷

安頓好家眷，豐子愷又不想
留在長沙了，他想去武漢，因為
當時許多文化界的朋友都在那裏。恰好漢口開明書店經理章錫洲
來信相邀，於是他就帶了陳寶和林先以及章桂、周丙潮去武漢。
帶上陳寶、林先，是讓她們在漢口上學；帶上章桂和周丙潮，則
是設法替他倆在那裏找一份工作。

　　就在這時，車漢亮決定離開長沙回家了。臨走，他私下裏對章桂說：「小章，你要當心，這個人只可以同患難，不可以同享福的。」

　　車說的「這個人」，章桂當然明白指的是誰。事實上，這一路過來，不知什麼原因，車漢亮和他之間逐漸產生了隔閡，加上滿伯言裏語裏流露出多嫌他們父子三人飯量大，車再也無法忍受，就帶了兩個兒子回桐廬了。

　　對於這個細節我本想略去不提，可是躊躇再三，覺得人性複雜那是自然之理，比如樹木，節疤和紋理是天然的，硬是刨去，反不真實。人與人各有個性，在一起，難免會磕磕碰碰，這也極其正常，何況車漢亮本身也有性格缺陷，這件事只是他個人的感受，說明不了什麼問題。豐子愷的人格魅力在那裏擺著，這一細節對他絲毫無損，反而讓人感受到人情的真實。張岱說：「人無癖不可與交，以其無深情也；人無疵不可與交，以其無真氣也。」可謂「傷心悟道」，說的就是這個道理。雖說歷來主張為尊者諱，我認為實在沒有必要，所以還是如實記了下來。

　　【同期聲】
　　車漢亮對章桂哥說的話，使我吃驚。抗戰時期，只有患難，哪有「享福」可言。我看到父親的缺點是「任性」，「人無完人」，我對媒體也不諱言父親此缺點。但章桂哥顯然沒相信車先生的話，否則他就不會再跟我們一起逃難了，可他還是照舊親近我父親。

　　　　　　　　　　　　　　　　　　——豐一吟批註

　　到達武漢已是1938年的3月底邊，由豐子愷介紹，周丙潮去了漢口開明書店武昌支店工作，章桂則進了漢口開明書店。章桂在書店的主要工作是負責打包和發行《活頁文選》。其時，上海的開明總店也暫時設在漢口分店內。

　　當時，武漢民眾的抗日熱情高漲，國共合作，民族團結，呈現出全民抗戰的新氣象。豐子愷一到武漢，立刻青春煥發，融入到文化界新老朋友中去。他加入了文藝界抗戰協會，又應范壽康先生的邀請，參加了總政治部第三廳第七處的工作，作了許多抗日的漫畫。那本《日本帝國主義侵華史》也重新畫好，交政治部第三廳第七處製版付印，實現了他在杭州拱宸橋那夜發下的願心。為了行動方便，他脫下長衫，改穿中山裝，有時還戴上軍帽，到武昌珞珈山總政治部三廳七處辦公。

　　這樣，雖同在一地，章桂與豐子愷親近的機會卻少了。為此，他常常想念慈伯，一有機會就想去見他。他在漢口開明書店盡心盡職地工作，工作業績得到書店的贊許。在書店工作，當然主要是為了糊口，但工作本身也是為抗戰添磚加瓦。經理章錫洲也在第三廳擔任一點工作，所以時常會有一些具體任務要店員去完成。比如有一次，章經理就要章桂他們一起去參加收回日租界，把租界裏的日本書刊銷毀，把其他一些書籍沒收運走。

　　當時在漢口有一支蘇聯空軍，名叫飛虎隊。飛虎隊與日軍對壘，保衛著大武漢。但是，後來戰況發生了逆轉；不久九江失守，武漢開始疏散人口了。於是豐子愷帶了兩個女兒回到長沙。6月23日，他應桂林師範校長唐現之的邀請，攜眷離開長沙去了廣西桂林。

漢口開明書店當然也要疏散；章桂就同店員們一起，忙著把店裏所有的存書清理、打包、轉運出去。完成之後，經理章錫洲開始分派店員的去向。章桂被指派去重慶。但是章桂不願去重慶，他想念豐子愷，一心要去桂林追隨豐子愷。他對章經理說：「豐先生在桂林，讓我去桂林吧。」但是經理章錫洲非常固執，就是認定要章桂去重慶，他說：「不服從調遣，你就隨便吧。」這話的潛臺詞非常清楚，但章桂沒有絲毫的猶豫，他選擇了離開。

章桂實在是牽記慈伯和嬸媽，在漢口待了五個月後，他決定立刻動身去桂林。可是沒有盤纏怎麼辦？好在他在漢口工作的這幾個月裏，書業出版界也認識了一些人，於是他去找亞光輿地學社的金振宇商借路費。亞光輿地學社是一家專門出版地圖冊的出版社，經理金振宇為人非常豪爽，他就賒給章桂白羊皮箱子一箱子的地圖冊，又借給他兩三百元錢。一皮箱地圖冊到桂林賣掉後，估計可以賺回這趟的路費。

從武漢去桂林，第一站要坐船到長沙。可是這時候去長沙的船票已相當緊張，章桂一連幾天去江海關碼頭都買不到船票。後來被他打聽到一個捷徑：可以直接找船上的茶房，付略高於船票的價位，就能在統艙占上一個座位。買這樣的黃牛票也有麻煩，因為船上中途有幾次查票。一旦查票，買黃牛票的乘客就要躲進茶房的房間，等檢查過後才好回到艙裏。所以每逢查票，茶房的房間裏就擠滿了人，好像裝在罐頭裏的沙丁魚一樣，連氣也透不過來。

到長沙可以上火車了，但也不能直達，得在衡陽轉車。章桂記得，他到衡陽時間尚早，卻已經沒有去桂林的車子了，只好

找到新知書店借宿一夜。第二天在衡陽上車時，他發現新知書店
有一幫人也去桂林，於是結伴同行。正是炎炎八月，溽暑難熬，
章桂貪涼，就坐到車窗上吹風。因昨晚沒有睡好，近午時睡意襲
來，竟然坐在車窗上也打起盹來；朦朧中，他身子搖了搖，幸虧
新知書店的一個人及時發覺，一把將他拉住，否則極有可能會從
車上掉下去。夢早已被嚇醒，想想實在後怕，就趕緊從車窗上撤
身下來了。

豐子愷
章桂 和 逃難 這兩個漢字

逃難‧第伍站‧桂林

人靈眩都野，壹趣唯溝壑。

——馬一浮避寇述懷詩

一

「桂林山水甲天下」，應該不是誇耀。桂林的山，只能用一個「奇」字來形容。我以為，指稱桂林的山，量詞最好不用「座」而用「個」，因為桂林的山，一座就是一塊巨大的石頭。桂林的每個山，都像放大的盆景，形狀千奇百怪得叫人驚歎。桂林的水不好多說，就一個「清」字可以當得。當然，這個「清」字就像中國畫墨有七色一樣，內容十分豐富，是清澈，清冽，清

崇德書店開業留念

冷，也是清芬，清華，清新；是清明，清和，清塵，也是清白，清揚，清心。但是，戰時逃難之人，真沒有那一份好心情來享受甲天下的美景，好山好水不免減了它的顏色。

桂林的山水蒙上了頹唐的寒色，街市也相當的蕭條。街上走著穿灰布制服的公務員，更是讓人覺得喪氣。

章桂原本可以去桂林開明書店的，但是先期逃來的周丙潮一家三口生活無著，恰在此時，同鄉楊子才即楊喬由江西流亡來到桂林，也沒有工作。豐子愷覺得這三家的就業應予以通盤考慮。

楊子才1937年暑期於嘉興中學初中畢業後，考取了杭州高級中學商科。為什麼要考商科呢？因為杭高的商科在當時非常有名，一般都是尚未畢業，一些銀行就來找員，因此讀杭高商科，

崇德書店開業留念（左楊喬右章桂）

畢業後就業有絕對保障。但是不幸的是，輪到楊子才讀杭高，尚未入學，「八一三」日軍進攻上海了。不久，杭州火車站也遭日軍轟炸，杭州百姓紛紛逃難。在這樣的形勢下，杭高被迫搬遷到金華。楊子才與同是石門人的高班同學吳家華一同到杭州，報到後乘火車隨校來到金華。開學不久，學校又從金華城裏搬到鄉下大嚴祠小嚴祠。在大小嚴祠也只勉強過了一個學期，學校再度搬遷至麗水。因為吳家華正好這

學期畢業，他就考上了西南聯合大學，準備去昆明。楊子才不願意隨學校去麗水，便與吳家華同行，打算去大後方尋求就學的機會。不期到江西南昌時，正好江西國民黨青年服務隊找員，楊子才就改變主意不去昆明，考進了青年服務隊。

青年服務隊是國民黨的一個抗日宣傳工作隊，一共有十個隊。在南昌受訓後，楊子才被分配到第八隊。第八隊開赴萍鄉後，又分出一個小分隊去萬載縣，楊子才即為小分隊隊員。他們以出壁報、歌詠、晨呼等形式宣傳抗日，旨在喚醒民眾，共同抗日。

楊子才在青年服務隊待了七個月。這時候，他得知豐子愷先生已經到了桂林，便貿然寫信給豐，表示自己想去追隨的意思。後得豐華瞻一信，答應並邀請他可以去桂林。這樣，楊子才就離開青年服務隊，坐火車到衡陽，再坐長途汽車來到了桂林。

當時從淪陷區逃難到大後方的人實在是太多太多，所以一時很難找到工作。豐子愷就像一棵大樹，接納了天外飛來的各路孤鳥。章桂記得，那時候，在馬皇背的豐家，每當開飯，兩張飯桌坐滿了人。這樣長期下去當然不是辦法，於是豐子愷就找章桂商量，要他暫時不要去開明書店，挑頭和周丙潮、楊子才三人自己辦個書店，解決生存問題。因為章桂書店方面認識的人多，關係也多，進書什麼的也比較容易。章桂說，慈伯出嘴了，他絕對是聽。這樣，他們在桂西路租定一樓一底的房子，樓下開店面，樓上做宿舍。因桂西路原名崇德路，店員們恰好都是崇德縣人，所以就將書店起名為崇德書店。書店的開辦資金是這樣解決的：豐子愷墊付兩百元，賒欠開明書店書款五百元。崇德書店9月1日正式開張營業，恰好趕上各類學校開學，機關內遷，所以業務很

好，收入足以維持三家五口人的生活。沒過多久，就把包括豐子愷墊付款在內的所有欠款全部還清了。

這時候，豐子愷已去桂林師範教書。桂師校址在兩江圩，兩江圩距離桂林大約有七十華里。豐子愷沒有住在桂師教員宿舍，而是在距兩江圩五里一個名叫泮塘嶺的小村子租了一間房。嬡媽因為懷孕即將臨盆，不便住到鄉下，所以她由長女陳寶和幼女一吟相伴，仍滯留在桂林馬皇背。

十月的一天，章桂得到消息，已被送進廣西省立醫院待產的嬡媽患了子癇病，而且情況十分危急。他立刻放下手裏的工作，趕往醫院去探望。

廣西省立醫院，位於桂東路北側、桂中路東側的皇城內。桂林城裏怎麼會有皇城呢？這的確是個皇城。修造這皇城的是南明的永曆皇帝朱由榔。朱由榔是明神宗的孫子，崇禎時被封為永明王，南明隆武時襲封桂王。清軍攻破福州後，他由丁魁楚、瞿式耜等擁立於肇慶，建元永曆，後來逃到桂林，因此桂林城裏便有了這座皇城。雖是落難皇帝，但是虎倒威不倒，皇城的修築規格一如北京的紫金城，也有正陽門等城門，還把一座獨秀峰也圍在了城內。抗戰時，廣西省政府遷到桂林，省府辦公樓就設在皇城內；一些大的機構也隨之遷入，其中包括省立醫院。

章桂趕到醫院病房時，滿伯和丙潮以及陸聯棠等豐子愷的好友都在。主治醫生鄭醫師請大家到外面商量施行手術的問題。

鄭醫師說：「最好馬上動手術，否則有生命危險。不過，動手術須得親屬簽字。」

滿伯覺得此事責任重大，自己不便作主，便決定請周丙潮去兩江圩叫弟弟豐子愷來決定。

丙潮走後，鄭醫師又進病房檢查了一次，說：「看情況恐怕不能等了，再拖延時間，我怕會隨時發生危險。」

這時章桂忍不住了，說：「鄭醫師，那就請你趕快動手術吧。最好是大小都保，實在不行，寧可保大。」

鄭醫師說：「那好。誰來簽字？」

大家你看我，我看你，誰也不開口。章桂又忍不住了，說：「我來簽吧。我簽。」

鄭醫師說：「你是病人的什麼人？」

章桂說：「表侄。可以麼？」

鄭醫師想了想說：「可以。」

鄭醫師要去準備手術，卻叫滿伯攔住了。她埋怨章桂說：「你也忒大膽了，萬一……還是等你慈伯來決定的好。」

章桂說：「人命關天，不能再耽擱了，還是趕快手術的好。」

鄭醫師說：「章先生說得對，真的耽擱不起了。」

等丙潮陪了豐子愷風塵僕僕趕到醫院時，手術早已完畢，嬸媽順利產下一個男嬰，這就是以後被叫作豐新枚的豐子愷的幼子。因為「舌甜」，大家叫他「恩勾」（模仿嬰兒發出的聲音）；「恩勾」成了新枚的乳名。

見母子平安，豐子愷自然非常高興。他連連稱讚章桂做得對，同時感謝醫術高明的鄭醫師。嬸媽也十分感謝章桂，稱讚他雖然年輕，但有決斷。其實章桂心裏清楚，他是擔了肩胛的。但是不管怎麼樣，有一點他認為錯不了：只要大人保住，慈伯如果還怪罪他，他也任憑他怪罪，心裏不會感到一絲愧疚的。

【同期聲】

章桂哥在以前的文章中也說過我弟弟出生「保大保小」
由他簽字。對於這件事我是存疑的。儘管那時我還小，
但父親《教師日記》1938年10月24日（《豐子愷文集》
第七卷第12頁首）明明寫著：「十時四十分下課後返
寓，途遇章桂。持醫生信催我即刻赴桂。因吾妻力民在
桂林醫院患子癇症，要我去決定辦法。」同頁略下：
「他決定四點鐘動手術……保大抑保小？……當然保大
……醫生即出證書要我簽字蓋章。」日記是當天所寫，
不會記錯。即使如章桂哥所寫，就算我大姐離「18歲」
還有一個多月不能簽字，章桂哥說當時我姑媽在場，為
什麼不叫我姑媽簽字，卻叫「表任」簽字。如今章桂哥
年已九旬，記憶難免錯誤。或許他把另一件類似的事纏
到這件事上去了。又，我覺得我姑母滿娘沒去過醫院。
那可能又是章桂哥記錯。

——豐一吟批註

二

1938年的桂林，和昆明等地一樣，老百姓的一個日常功課
是：「跑警報」。「跑警報」現在已經成了一個專有名詞了。這
裏說的「警報」，是指空襲警報，「空襲」是指日本飛機飛來投
彈，殘殺無辜百姓。「跑」是指在空襲到來前，跑到附近的安全
地帶躲避。據說日機對桂林的空襲，在抗戰剛開始近一年的時間

裏，才不過三五次，而且沒有投彈。可是1938年6月以後，空襲頻繁起來，而且投彈。6月15日在城外飛機場的一次空襲，就炸死了七人，炸傷了好多人。打那以後，桂林的防空嚴格起來，每天上午六時到下午五時半，路上行人不准穿白色或紅色的衣服；誰要是違反了，警察就用墨水筆在那人的背上畫個大圓圈，甚至畫個烏龜，以示警告。

桂林所多的是大大小小的石頭山洞，那是「跑警報」

桂林開明書店職員陸劍秋

最最理想的地方。最大的一個山洞在七星岩，大到什麼程度呢？一個省立圖書館索性搬到了那裏。桂林當局對「跑警報」有周密的安排，他們根據各山洞的容量，再按街道居民人口的多少，路程的遠近，指定某街某巷到某某山洞，還畫了地形示意圖到處張貼。崇德書店所在的桂西路附近是桂林中學，桂林中學依傍著桂林城的一段老城牆，城牆外就是石山，山上有許多山洞。每當空襲警報響起，章桂他們就往「桂中」跑，穿過校舍，翻過老城牆，就能很快躲進山洞。

空襲桂林的日本飛機，據說是從北部灣海上飛來的。1938年12月28日這天，日機又來空襲，章桂他們照例穿過「桂中」校舍，翻過老城牆，鑽進了山洞。那次章桂剛剛在山洞蹲下，就見

兩架飛機在眼前不遠處不停地盤旋。幾個圈子以後，機身高高低低地削下來，開始投彈，一邊投彈，一邊格格格地機槍掃射。頓時，這裏那裏冒起一股股的濃煙。

日機飛走之後，四周是死一般的沉寂。人們在等待解除警報。幾分鐘後，解除警報響起，人們才陸續從山洞裏撤出來，匆匆忙忙往回趕。

章桂回到桂西路，見書店依然完好，但是感覺總有些異樣。為保險起見，他就和楊子才、周丙潮一起，把衣物、書籍從屋裏搬出來，先堆放在馬路上，然後再設法轉移到其他地方。正暗自慶倖，只聽「轟」的一聲，房子突然燃燒起來。原來日機在此投的是燒夷彈，當場不燒，過一會就自燃了。

房屋燒著了，火勢迅猛，馬路上也全是火了。一會兒工夫，半條桂西路成了一片火海！

廣西城鎮的房屋都是靠街樓，崇德書店的店房也是如此。因為店房不很寬敞，章桂一個人住在樓上的廊簷下，他本來想可以隔窗把衣物拋出去，但是火勢範圍大，根本無法把東西扔到火海以外。人是逃出來了，可是書籍衣物全部燒毀，章桂連眉毛都燒掉了。後來很長一段時間，見到章桂的人都好生奇怪，問：「你怎麼把眉毛剃掉了？」

書店的全部財產化成了灰燼，其中包括從世界書局、三聯書店賒來的書。這兩家書店同樣遭到轟炸，所有的書也都葬身火海，所以賒欠的書款也就不提賠償二字了。

崇德書店從這年的9月1日開辦，只營業了短短三個月，就被侵略者的炸彈中止了。書店不存在了，可人還得吃飯啊。就在這

時，桂林開明書店的經理陸聯棠跑來找到章桂說：「現在你們書店也完了，你就回開明吧。」

鑒於形勢，桂林開明書店準備將圖書轉移出去，缺少人手，陸聯棠想到辦事勤快負責的章桂。就這樣，章桂進了桂林開明書店。後來，楊子才和周丙潮也在豐子愷的幫助下，各自找到了工作。

章桂一到開明，就忙開了。他和陸聯棠的弟弟陸劍秋一起，將倉庫裏的圖書打包，用一條小船轉運到鹿寨、宜山、河池和柳州等地。差不多1939年1月到2月這段時間，他們都在桂江的支流上漂流。1939年2月18日是這年的農曆除夕，章桂和陸劍秋也在那條運書的小船上過，沒有酒，沒有肉，沒有年夜飯；有的只是颼颼的寒風和粉塵一樣的星光。船上堆滿了大大小小的書包，他們只能靠在書包上，連身子也放不平。就這麼乾坐著，在船槳的欸乃聲中，睡著了。

豐子愷
章桂 和 逃難 這兩個漢字

逃難‧第陸站‧柳州

魚爛旋致亡，虎視猶相搏。

——馬一浮避寇述懷詩

一

　　大約是1939年2月下旬吧，在最後一趟運送圖書到柳州時，柳州開明書店的經理曾宗岱將章桂留下了。也是從那時起，約有兩年的時間，章桂離開豐子愷一家，一個人生活在柳州。這是自逃難以來，他們分離最長的一次。他們之間唯一的聯繫方式是信，可就是信也非常稀少，因為，一是為了生計，各自都忙；二是戰事吃緊動盪，腳根如蓬，行蹤不定。尤其是豐子愷，他離開桂林師範後，受聘浙大教職去了宜山，後來為避寇，又隨校遷居都勻、遵義。「共來百越文身地，猶自音書滯一鄉。」雖然分離兩地，豐子愷一家對章桂的關注不得而知，章桂則是無時無刻都在惦記慈伯和嬸媽的。

　　柳州應該是個美麗的城市，但現在只是徒有其表；由於戰亂，她的靈秀被閹割了。仍然碧綠的柳江，自東而西將柳州城一剖為二，連接南北兩半的是一座木製的吊橋。柳州公園裏有唐代

著名文學家柳宗元的墓；公園裏雖然花木扶疏，但枝葉間早已纏繞著荒涼的慘霧。

柳州開明書店在慶雲街的一個樓上。書店只設辦事處，沒有門市部；樓下是倉庫，堆放著大部分從桂林運來的圖書。因為沒有門市部，所以實在沒有多少事情要做，清閒的生活讓章桂有些不知所措。現在想起來，這段時間印象最深的，是他與經理曾宗岱常常坐在木樓梯上吃花生。柳州盛產花生。柳州的花生個大飽滿，油分足，花生鋪炒花生的功夫又到家，所以吃起來特別的脆，特別的香。章桂和曾宗岱都喜歡吃花生。不是沒事幹麼，買幾包花生，坐在樓梯上剝花生吃，直吃得一架木梯溢滿了炒花生的香味。

開明總店有個股東名叫莊子良，他原是廣州開明分店的經理，抗戰爆發後，帶了妻兒從廣州逃難到柳州來，為了生計，也在慶雲街開了一家帶賣文具的書店，名叫建設書店。因為同是開明人，一來二去就認識了。章桂在柳州開明不是無事可幹麼，莊子良就邀請他來建設書店幫忙。建設書店裏有一位老先生也在幫忙，他叫周潤波。周潤波是廣東番禺人，他早年在廣州胡漢民辦的民主書店當店員。那時王子澄也在那裏供職。後來王子澄去上海創辦光明書局，就聘周潤波為光明書局廣州分局的經理。在廣州時，莊子良與周潤波就是老朋友，後來周潤波一家逃難到柳州，莊子良就讓老朋友到自己店裏來幫忙了。章桂到建設書店後，很快和周潤波一家熟悉了。周潤波當時約四十來歲，人非常之隨和。與周家熟悉之後，有時候開明伙食（他編制仍在開明）不好，他就去周家蹭飯。周潤波有個女兒叫鳳珍，其時才十歲，章桂都二十二歲了，他就把鳳珍當小妹妹看，他很喜歡這個小妹

妹。鳳珍也很喜歡章哥哥。令章桂怎麼也想不到的是，六年後，鳳珍竟成了他的妻子，而且一輩子跟著他忍辱負重，擔驚受怕，不離不棄。這當然是後話了。

用得著一句老話，叫「天有不測風雲，人有旦夕禍福」。章桂去建設書店幫忙不久，莊子良忽然得了暴病，不治身亡了。這樣，建設書店只好被迫歇業。莊子良上有老母，下有幼子，妻子汪清一個本分的女流，眼見一家三口生活無著，不知道怎麼辦好了。

章桂是個極富同情心講義氣重感情的人，他就拿出自己的全部積蓄兩千元錢，也請一些朋友湊分子，一共籌集兩萬元資金為汪清辦了個國風書店，並請忘年交上海雜誌公司柳州分公司經理鄭文耀來兼任經理。因為章桂的熱心腸感動了朋友們，所以大家都樂意來國風書店幫忙，養活莊子良的遺屬。當時湘桂鐵路正在修築，修建隊筆墨紙張等文具用品的需求量是很大的，章桂通過關係，爭取到修建隊所有的一應文具用品全部由國風書店供應。國風書店營業不錯，它就這麼維持著汪清一家的生活，直到柳州為日軍佔領。

鄭文耀要回老家餘姚探親了，他便向上海雜誌公司總經理張靜廬推薦，讓章桂代理柳州分公司的經理職務。代職期間，章桂盡心盡力地工作，業績顯著，曾得到總經理的信函表揚並加薪。章桂在雜誌公司只是兼職，他仍是柳州開明書店的基本職工。

莊子良的妻子汪清是個非常內向的女人，但她對章桂的深深感激一直銘記在心。十九年後，當章桂以帶罪之身被迫離開重慶回老家，去汪清家向她告別時，這位善良懦弱的女性卻一點忙都幫不上，她只是面對恩人淚流滿面，頻頻搖頭。

二

　　在柳州生活的一年裏，同在桂林一樣，日常的功課免不了一宗也是「跑警報」。慶雲街一帶的老百姓「跑警報」，一般都是穿過附近的柳州公園，爬到公園後面的山上，躲進山洞裏。日子久了，人們發現，柳州公園本身就比較安全；日機空襲一般只在柳州城區上空盤旋投彈，很少來公園上空的。有好幾次，人們圖省力，就躲在公園的假山裏或者樹林裏。這樣，解除警報後回去，可以往返少跑好多路，也節省一些時間。章桂有時也是這樣的。但自從有一天發生一件慘事後，他就再也不敢怠惰了。

　　這一天警報又拉響了，像往常一樣，章桂隨一幫人跑到公園。和章桂跑在一起的一個人說：「今天肯定沒事，在公園裏躲一下算了。」

　　章桂那天不知為什麼很堅持，說：「還是上山吧。」

　　那人說：「不上了，一會就沒事了。」

　　章桂見勸不轉那人，就自己上山了。他剛剛鑽進山洞，就見日機飛到了公園上空，嗚嗚地盤旋幾圈後，屁股一歪就開始下「蛋」。一時公園裏升起了火光和濃煙，章桂不由拍著腿著起急來。一俟日機離開，他飛一般奔向公園。到那人躲藏的地方一看，人就呆掉了：那人已經變成了一堆肉醬！

　　在柳州「跑警報」跟在桂林「跑警報」有一點非常不同，就是在柳州，會有漢奸專在人們躲藏的地方發信號彈，為日機提供投彈目標。這些人據說不是職業漢奸，而是一些窮困潦倒、走投

無路的亡命之徒。他們為日方收買，發一顆信號彈可以領取一定數額的賞金。

　　章桂想不通，怎麼竟會有這樣的種群？可他偏偏就有。老百姓對這種人可說是恨之入骨，一旦發現，不等警察來抓捕，就群起撲打，並且將之扭送警察局。所以柳州城北，隔三差五就有被捉住的漢奸槍斃在那裏。儘管如此，還是有敗類不顧性命鋌而走險。章桂就想，難道一個窮字，真比一座山還重麼？

　　唐憲宗元和十年（815），柳宗元在被貶永州十年之後再度貶謫柳州，他說柳州「郡城南下接通津，異服殊音不可親。青箬裹鹽歸洞客，綠荷包飯趁墟人。鵝毛禦臘縫山罽，雞骨占年拜水神。」是個人異俗乖，風土淺陋，不可親近的地方。可是他身不由己啊，有什麼辦法呢？所以「愁向公庭問重譯，欲投章甫作文身。」只得沉下心來隨遇而安，做個文身之氓了。現時的柳州，比起柳宗元時代雖然已有一千一百多年的進化，但是對於為戰亂所拋置在此地的章桂，其頹唐惆悵的人生況味，是和柳宗元一樣的。

豐子愷　和　逃難　這兩個漢字
章　桂

逃難‧第柒站‧桂林

野曠知霜寒，林幽見日薄。

——馬一浮避寇述懷詩

一

　　章桂在柳州足足待了一年。1939年底或1940年初，他回到了桂林。

　　回到桂林後，章桂並沒有去桂林開明書店，而是進了同在桂西路的東方圖書公司。東方圖書公司的經理是上海雜誌公司總經理張靜廬的侄子張鴻鈞，張鴻鈞的姐夫王瑞生則是董事長。他們都是寧波人；會計也是寧波人。這是一家家族性質的寧波幫書店。這時周潤波一家也已經來桂林了，周潤波也在這家公司當店員。

　　這家公司的董事長和經理不夠仗義，進公司時明明說好，每個公司員工到年終都參與分紅，看看到年底了，一部分紅利要分出去，他們就心痛了。一天深夜，公司幾個頭頭在經理室祕密商量，用什麼辦法才能達到既不讓員工參與分紅，又有一個堂皇的理由。章桂就睡在經理室邊上的房間，頭頭們以為他已經睡著

了，就大意沒有關門，其實他聽到經理室切切促促的說話聲就醒了。第二天，章桂當著全體員工拆穿了頭頭們的鬼把戲，並表示在這樣的公司工作寒心，就此離開了東方公司。

周潤波畢竟閱歷豐富，他沒有離開東方公司，當然一方面是因為他拖家帶口，自有難處，但他因此非常賞識章桂。離開「東方」後，章桂一時找不到工作，也沒有了居住的地方，周潤波就邀請他住到自己家裏。

周潤波的家在灕江江心的一個小島上。這島有個詩意的名字：紫洲。紫洲真是個美麗的小島，島上花木蔥蘢，翠鳥啁啾，環島是灕江的碧波，江岸上遠遠近近奇異的山峰彷彿就是這島的屏風。島上住有幾十戶人家，其中一部分是逃難來的外來戶。外來戶住的都是自己搭建的簡易房，用的建築材料主要是毛竹。毛竹在桂林是極便宜極便宜的；建這種簡易房，柱、梁不用說是整根的竹子，牆是竹篾編的籬子抹上泥灰，就連瓦也是竹子，把毛竹一剖為二，一正一反排緊在斜頂上就成了。

章桂住在周家，和周家人非常的融洽，特別是鳳珍整天跟著他。後來鳳珍說，就是那一段日子，她對章桂萌生了真正意義上的愛意。

章桂在周家住了一段日子後，世界書局準備在桂林創辦分局。世界書局也是個規模很大的書局，當時負責華南區的經理名叫姚鉅堂。華南區經理掌管廣州、香港、廣西等地的業務，職權範圍很大。這姚經理對章桂的為人早就瞭解，這時知道他賦閒寄跡在周潤波家，便親自來紫洲，請他去即將開辦的世界書局桂林分局任經理，講明月薪一百二十元法幣。一百二十元法幣在當時是個不小的數目了，章桂說，那是相當於一百盒複

寫紙的價值啊，何況是在章桂待業亟盼工作的時候。這就可以見出，姚鉅堂是何等的誠心，何等的看重他章桂！這令章桂十分感動。

當時書店行業的通例，一般人除了在大書店打一份工外，自己個人也兼做一點圖書生意。但為報答姚經理的知遇之恩，章桂自己不另做生意，他一心撲在分店的業務上，盡心盡職，所以從姚鉅堂經理到一般員工都很信任章桂。大家都看到，他沒一點點私心，所以凡是需要自己定價的文具商品，最後都由他來確定。大家說：「小章公正，讓小章來開價。」

不管什麼年代，人類生活的絕大部分時段都在謀求生存，當然同時也追求詩意地棲居。詩意棲居包括精神生活的方方面面，娛樂活動只是一種最最基本的方式。章桂在世界書局，工作和生活都很愉快。這時的章桂已有了許多文化出版界的朋友，生活安定，就有了一些娛樂活動。在戰時的大後方，所謂娛樂活動也者，就是有時晚上出去看看戲。桂戲聽不懂，咿哩哇啦，不知在唱些什麼，他只是偶爾去獵一下奇，大多時候去看京戲。章桂的記憶裏，當時桂林好像有兩家戲院子，一家在中北路，一家在中南路。章桂已記不起那兩家戲院子的名字，反正是兩家挺不錯的戲院子。他去看戲，總是和朋友們一起去的，他記得凡去看戲，總要買二、三十張票，差不多坐夠兩排。有時也邀請周潤波一家，周鳳珍每逢被邀總是特別興高采烈。章桂記得那時在桂林有名的京劇演員，他比較喜歡的是花旦小毛劍佩和青衣李雅琴。

二

　　廣西省政府在桂林有個文化供應社。所謂文化供應社，其實
是一個國辦的圖書出版公司。文化供應社把一批進步文化人如聶
紺弩、趙曉恩等網羅進去，出版了好多書，也辦有一本雜誌，叫
《野草》。主持供應社的是一個名叫陳此生的人。章桂不知此人
的背景，只知他在廣西似乎很有權力。文化供應社為擴大業務，
擬去重慶設一個辦事處，主要搞發行。陳此生不知怎麼暸解到章
桂的辦事能力很強，所以想請他協助他們供應社的韓挺英一同去
重慶，但他跟章桂不熟，於是由趙曉恩出面，請章桂在桂西路美
和餐館吃飯，動員他襄助此事。

　　趙曉恩在文化供應社是負責發行的，他與三聯書店有關係，
傾向共產黨，與宋雲彬、傅彬然等都有交往。章桂和他業務上有
聯繫，私交也不錯，可以算是要好的朋友，對他很信任，因此趙
曉恩一說此事，他二話沒說就答應了。

　　章桂要協助去重慶設辦事處的韓挺英是個泰國歸僑。他是專
程為了抗日才回國的，愛國熱情無比高漲。他很年輕，比章桂還
小兩歲，才二十二歲。韓挺英那時已經結婚，他的太太章桂只知
道姓林。林女士在1980年代初打聽到章桂的下落，曾從北京寫信
給他，但那時章桂的政治處境尚未根本改變，不想給她添麻煩，
因而沒有回信。就因為這次他協助韓去重慶，以後兩家關係一直
很好。韓挺英有個女兒叫韓琳，活潑可愛，因接觸多了，她父母

就讓韓琳認章桂為乾爹。章桂說，他這一生就這麼一個乾女兒，但現在也已失去了聯繫。

1941年5月的一天，天氣晴好，一輛滿載圖書的汽車從桂林出發去重慶。書包上坐著兩個說說笑笑的年輕人，他們就是章桂和韓挺英。

從桂林去重慶要穿過三個省，即廣西、貴州和四川，沿途有許多個檢查站，為順利通過，陳此生事先為他們準備了一封給當時的國軍副總參謀長白崇禧的信。每過一處關卡，只要將寫有「白崇禧副總長親啟」的信一遞，就立馬放行了。

從桂林出發，第一天在貴陽過夜。第二天，按正常行程應該過夜在息烽，但章桂因為有兩年時間沒見到豐子愷一家了，非常非常想念，所以他在出發前就謀劃好，要利用這次差使去一趟豐家。這其實也是他答應此行的另一個原因。就在汽車快到息烽天色也將向晚時，他跟司機商量，鼓勵他加把勁爭取到遵義過夜。因此，車到遵義早已是萬家燈火了。

在遵義開好旅館，章桂也顧不上吃晚飯，就一路打聽去獅子橋畔南壇巷的路徑。一路上他非常興奮，心就像一張鼓滿春風的歸帆。

南壇巷一點也不難找。章桂從未來過遵義，又是在晚上，他卻能一步不錯順順利利地來到了這條日夜思念的巷子。巷子口第一家就是豐家。那是一戶熊姓人家的新建樓房，兩樓兩底，豐家租住在樓上，可以說是豐子愷逃難以來住過的最為軒敞舒適的房子了。站在樓窗口向前望，可以望見滾滾流過的湘江；在夜裏，還可望見曠遠的星空。因襲文人喜歡將自己居住的屋子命名的習慣，豐子愷呼它為「星漢樓」。

　　章桂站在星漢樓下了。真所謂近鄉情更怯，他舉起了手，卻遲遲不敢去叩門。

　　篤，篤，篤，門終於被輕輕扣響。不一會，呀的一聲門開了，門裏站著的是阿寶。一瞬間的疑惑立刻轉換成驚喜，阿寶回頭對樓上興奮地喊道：「章哥哥來了！」

　　一家人都還未睡，見章桂突然到來，也都又驚又喜。豐子愷尤其高興，他立刻要嬸媽做幾個菜，開了一瓶酒，兩人就在燈下飲酒敘談。這情景，正合了往日緣緣堂牆上豐子愷手書的一副聯語：「草草杯盤供笑語，昏昏燈火話平生。」章桂訴說了這兩年裏，自己為謀生輾轉桂林、柳州所遭遇的種種曲折。豐子愷也略述了他在浙大教書的情況，還特別提到了馬一浮先生。他說，1937年11月間在桐廬負暄，聆聽馬先生教誨，那是他逃難以來最為美好的賞心樂事。1938年10月，在桂林與馬先生重逢，又留下了一段相遊棲霞洞的溫馨記憶。後來，就是為了追隨馬先生，他才趕赴宜山受聘浙大教席，以為可以續修桐廬舊緣，詎料到宜山時，馬先生已受政府聘請，去重慶並轉赴樂山辦復性書院去了。可見陶元亮說的不錯：「人生無根蒂，飄如陌上塵」啊。那一晚，豐子愷對馬先生的一往深情溢於言表，這一點給章桂留下了極其深刻的印象。

　　章桂、韓挺英他們到重慶後，在蒼平街新生市場和民族路交道口、記功碑的邊上，亦即重慶本地叫做「大十字」處，覓到一幢房子。經過幾天的籌備，廣西省文化供應社重慶辦事處就正式掛牌開張了。

　　在重慶期間，章桂和文化出版界的朋友相聚甚歡。一天，張靜廬的兒子張鴻志請朋友們在家裏吃飯。飯桌上，張靜廬問他的侄子張鴻鋼說：「你們說章桂這兩天要到重慶來，來了沒有？」

　　章桂和張靜廬雖然有過多次交往，但都是通過書信的，其實兩人重未謀過面。在座的姚蓬子一聽，哈哈大笑，說：「原來你們倆不認識啊！」

　　從最初的業務情況看，廣西省文化供應社來重慶設辦事處這個舉措是多麼的正確！他們把從桂林運來的圖書，通過各種渠道發行到甘肅、陝西以及新疆等地，既增加了文化供應社的業務量，又擴大了文化供應社的知名度。此後，章桂還幫助供應社從桂林往重慶運過幾趟書。他做這一切完全是義務的，不拿一分錢的報酬。這也就是為什麼章桂在桂林，在柳州，後來又在重慶的文化出版界有那麼多朋友的一個原因吧。

豐子愷
章 桂 和 逃難 這兩個漢字

逃難‧第捌站‧重慶之一

蠢彼蜂蟻倫，豈識天地博。

——馬一浮避寇述懷詩

一

　　1942年8月，豐子愷應重慶國立藝術專科學校校長陳之佛之聘，將去該校擔任教務主任，這時他想到了遠在桂林的章桂。他寫信邀章桂一同去「藝專」工作。章桂接到此信，高興得幾乎一夜未曾合眼：他又可以和慈伯、嬸媽一家朝夕相處了！

　　豐子愷寫信給章桂邀他一同去「藝專」，是事先徵得陳之佛校長同意的，也可以說是豐子愷應聘「藝專」提出的一個先決條件。也許是豐子愷向陳校長誇耀了章桂的人品和能力，也許「藝專」也正好需要後勤人員，總之，陳之佛一口就答應了。豐子愷之所以要帶章桂一同去「藝專」，除了他確實關心愛護章桂，從後來的情形推斷，也還有他自己私秘方面的考慮。他有過一個人率領全家遷移的艱辛記憶，尤其由宜山去都勻一節，是怎麼也不能忘懷的。現在一大家子人要從遵義長途跋涉去重慶，又有幾個子女轉學的問題，到重慶之後一家的住房問題，這些都需要有人

打前站才好。而此時豐子愷身邊已乏人可遣，他想到章桂也在情理之中，是極正常極自然的事情。

　　不管怎麼說，當時的章桂能重新追隨慈伯，是十萬分願意的。得信後，他一刻也不敢怠惰，即向姚鉅堂經理提出了辭呈。姚經理起初不同意，說做得好好的為什麼要放棄？章桂就明確告訴他，不管任何時候，不管我在幹什麼事情，只要慈伯喚我，我沒有二話，放棄一切都要去的。姚鉅堂見他把話說到這份上，也就不好再勉強他了。

　　就像俗話說的，章桂只一個人，自己吃飽了全家不餓。有豐子愷一家的吸引力，桂林再好，也沒有什麼可留戀的了。那天晚上，他簡單收拾一下行裝，第二天就上路了。

　　當然先去遵義。在遵義南壇巷豐家，章桂大約住了十來天。這十來天時間裏，章桂又沐浴在久違的親情裏，覺得非常陶醉。嬸媽一面好飯好菜看待，一面又細心地替他重新整端行裝，還拿出一床絲綿被來給他。那是林先讀中學時用過的，雖然舊，卻是又柔軟又暖和。章桂領受著嬸媽慈母般的疼愛，他對慈伯和嬸媽更加尊敬愛戴了。

　　在遵義這十來天裏，章桂與阿寶、軟軟最為投契。畢竟年齡相仿，有著青年人共同感興趣的話題。再說自1934年章桂進入豐家，七、八年來與豐家子女相伴成長；尤其逃難之後，一路同甘共苦，凝結成了深厚的情誼，何況此一時正是「桃之夭夭，灼灼其華」啊，「暖雨晴風初破凍，柳眼梅腮春心動」啊。軟軟還邀請章桂到她家，——那時，滿伯和軟軟不和豐子愷家住在一起；她們就住在隔開幾個門面的一間平房裏。軟軟說是要教章桂學英文，其實無非是想和他相處聊天。當然，章桂也的確從軟軟學會

了幾個英文單詞，比如book、pencil、ink，比如eye、nose、mouth等。軟軟還陪章桂到不遠的湘江邊散步。有時章桂興致來了，便跳到湘江裏去游泳。他在波浪裏鑽進鑽出，惹得軟軟一驚一乍地笑鬧。後來嬸媽知道了，就數落章桂，說江水很深很冷，容易手腳抽筋，很危險的。嬸媽的責備，讓章桂感到無比的「貼肉」，他就再不去江裏游泳了。

<h1 style="text-align:center">二</h1>

　　章桂是在這年的八月下旬離開遵義去重慶的，隨身除了簡單的行囊，還帶了豐子愷好幾個柏木書箱。每個書箱都斜貼著封條，封條上是豐子愷的手書：「豐子愷封」。

　　戰時的長途汽車，車子破，車速慢，從遵義到重慶差不多要走整整一天。章桂清早上的車，到重慶海棠溪下車，已經日腳平西了。海棠溪在長江南岸，江北對岸才是市區的儲奇門碼頭。

晚年陳瑜清

儲奇門是沿長江設的六個城門中較為重要的城門之一，自古就是重慶藥材的集散地，也是西南各地向皇室進貢奇珍異寶的轉運點。「儲奇」二字因以為名。貴州來的商旅，一般都是經海棠溪擺渡過江，從儲奇門進入重慶市區的。

章桂下車後，雇腳夫搬運書箱上渡輪過江，這時一陣江風襲來，偌大一個夕陽倏忽間隱入西邊群山，天地一下就陰涼起來。江水明綠，江岸蒼蒼，正如李白的詩句所形容的：「江色綠且明，茫茫與天平。」

儲奇門碼頭有數十級陡峭的石級，章桂一下渡輪，就有衣衫襤褸的挑夫爭著來攬活。看著挑夫擔著書箱吃力地爬坡，章桂既感慨又無奈，心想，真是「牛出力來牛吃草，東翁坐轎我拎包」。這世道究竟怎麼一回事啊？

出儲奇門碼頭高大的圓洞門，就是凱旋路。沿凱旋路往東，轉過一個犄角是重慶開明書店的一處倉庫。章桂事先就計畫好，這天先在開明倉庫借宿一夜。在從儲奇門到開明倉庫的路上，書箱引起了路人的注意，許多人都好奇地說：「豐子愷來重慶了！」可見豐子愷的確是名滿天下。

第二天，章桂拿著豐子愷的介紹信去沙坪壩見陳之佛校長。沙坪壩離重慶約有二十多裏，是個小小的集鎮，二十年後，由於小說《紅岩》而聞名於世。陳家在沙坪正街；像許多藝術家一樣，再簡陋的居處必定要起一個雅名，陳之佛就額其楣曰：流憩廬。大概是流亡棲息之所的意思吧？

來重慶前章桂就知道，陳之佛是豐子愷早年在日本留學時就結識的畫友，後來在上海也多有交往，1925年匡互生、豐子愷他們創辦立達學園，陳之佛也是「立達學會」九個常務會員之

一，可以說是真正的老朋友了。他還知道，陳之佛是有名的中國畫家，花鳥和工筆尤為人稱道。陳之佛同時又是美術教育家，在「藝專」，他除了是一校之長，還兼任應用美術系教授。未見陳校長時，章桂想像這位校長一定生得氣宇軒昂，及至一見，卻是個和藹親切的矮個子中年人。他和豐子愷一樣，也留著長髯，戴一副老式近視鏡，為人一團和氣，人都叫他「佛菩薩」。陳校長個子矮，陳師母卻是人高馬大，後來聽人背地裏講笑話，說陳校長站在他夫人跟前，踮起腳剛夠得著吃奶。

初次見面，陳之佛只是客氣地表示歡迎；同時也告訴章桂，請他來是搞後勤，具體職務為出納組長，主管財務，兼管總務。這等於是統領後勤，足見陳之佛對豐子愷的信任。陳校長最後說：「章先生，借重了。」這話表面上是客氣，其實是委於重任的意思。這讓章桂頓時有了知遇之感，就一下與這位校長拉近了距離。

從陳校長家告辭出來，章桂又找到也在沙坪正街的風生書店。找風生書店，是要找在風生書店當店員的陳瑜清。陳瑜清是茅盾的表弟，也是豐子愷立達學園時的學生。章桂找他是想請他幫忙解決豐子愷一家的住房問題。這陳瑜清是位謙謙君子，1980年代，我有幸跟他交往過幾次。他那時定居在杭州，我則在《桐鄉文藝》雜誌社當編輯，我們之間交往，是由他通過有關人士向編輯部投稿開始的。當然是為稿子的事，我們通過幾次信，我也曾去過他杭州大學路的寓所看望過他。在此不妨摘引他的一封來信，因信裏提到茅盾，順便留存一點歷史的印跡：

振剛編輯同志：

　　承賜示及《桐鄉文藝》86‧3期兩冊，兩星期前早拜收了，謝謝。

　　最近我因開會忙，十六日竟又在仁和路上跌了一跤，磕破鼻子，在家養傷，故遲覆至歉！

　　我一九七七年曾寄表哥一篇從一九五五年十二月號《蘇聯文學》（法文版）上譯的〈夏喜默德和白哈莉的家庭〉，作者安萊娜‧柯諾倫可〔蘇聯〕，是寫戰時孤兒的訪問記。表哥在同年十一月二十一日回信中說，蘇聯小說（除早期《鐵流》、《毀滅》等外）仍是「禁區」，戰孤一稿無處發表。他勸我還是譯巴爾扎克或其他歐美古典著作，因此我譯了一篇巴爾扎克中篇小說《大名鼎鼎高迪薩》（約五萬字），本來《江南》雜誌決定發表，不料因故而停刊。現在又復刊，我的譯稿已交給宋兆霖同志。表哥給我的那封信是登在《茅盾書簡》第404頁上。

　　一九七九年八月五日，表哥為新刊《蘇聯文學》題詞〈西江月〉二闋，最後兩句卻是：「而今借鑒不避修，安得劃牢自圍。」（見《茅盾詩詞集》第二三九頁）蘇聯文學已經開禁了。

　　最近，我把拙譯稿再看一遍，覺得這篇訪問記寫得很好，內容很感動人的。上次鍾桂松同志來看我時，我也向他提起這篇譯稿，唯有六千多字，我又頗為躊躇了。故特先向您請教，貴刊可否容納這樣的稿子？如可能，我以後再寄上。匆匆，即頌

編安！

陳瑜清

1987‧3‧21

從這封信，我們可以知道，直到1987年，蘇聯文學在我國尚剛剛解凍；也知道，陳瑜清老先生在耄耋之年，猶孜孜不倦鍾情於寫作事業。抗戰時期，陳瑜清一家也流亡到大後方重慶，在沙坪壩這麼一家小小的書店裏任職，以維持全家人的生活。

章桂找到陳瑜清，向他說了豐子愷一家將來重慶，問陳可有辦法幫忙找一個臨時的住處。陳瑜清非常熱心，即去找老闆周世予商量，得周同意，將書店前樓騰出來讓豐子愷一家居住。這樣，豐子愷一家來重慶後的居住問題算是暫時解決了。其時，陳瑜清一家也住在書店，住的是書店的後樓。

【同期聲】

其實是先住在陳之佛家，後住書店樓上。

——豐一吟側批

據說這家風生書店即為小說《紅岩》裏沙坪書店的原型，老闆周世予的確是中共地下黨員。數年後，周世予被國民黨逮捕，還是章桂出面作保將他保釋出來的。周世予出獄後，一度無處可去，也沒有工作，章桂就留他落腳在自己蜈蚣嶺七號的家裏。後來周世予回到川東老家。解放後，他是川北某單位的黨務工作者，1958年章桂被錯劃右派，他曾來信表示同情和慰問。這當然是後話了。

三

落實好豐子愷一家的住房，章桂又替豐家的幾個子女辦好轉校手續，之後，他便去「藝專」報到了。

國立藝術專科學校，校址在距重慶西北約百里的碧山縣青木關松林崗。松林崗是一個花木蔥蘢的小山包，「藝專」的校舍在山腰，食堂在山腳。山腳下是一個極小極小算不上鎮的小鎮，鎮上有一條極短極短算不上街的街，街上有幾家日用品商店，一兩家小飯店。章桂的宿舍被安排在山頂。山頂有一幢獨吊吊的古堡式建築，裏面只有兩間房門相對的房間，其中一間已住了人。那是個年輕女人，姓高，在訓導處任職。空著的一間就成了章桂的寢室。

國立藝術專科學校就是現在杭州的中國美院的前身，當時是由「北平美專」和「杭州美專」合併而成的，已有相當的規模。後勤方面設總務處，總務處下設文書股、事務股、出納股和教務股（含註冊股）。章桂任主任的出納股，實際上等於財務股。出納股除了管財務，還兼管食堂。因為之前財務和物資的管理都很混亂，前任校長呂鳳子根本不懂管理，學校沒有財務制度，甚至連教職工的工資花名冊也沒有，以致無法正常發放工資。那教職員領工資怎麼辦呢？寫個借據，摁個手印完事。那領多領少呢？這靠的是大家的信用，一般都知道自己的工資級別，每個月就「借」自己份內的，份內的錢「借」完，就不再「借」了。當然也有偶然透支的，那就在下個月裏少「借」一些，就算將透支部

分還上了。食堂用米也沒個準確數目，燒多燒少全憑估計；而且為怕浪費，大多時候總是估計得緊一些，因此，遲去的學生常常會要挨餓。因為學生吃不飽，所以對食堂的呼聲特別高張。

章桂摸清這些情況後，就去請示陳校長，說這樣的現狀不能再繼續了。你既然信任我，讓我幹，我可要放開手腳幹了。陳校長見章桂信心百倍的樣子非常喜歡，說，你就大膽幹吧。

得了校長的支持，章桂真的就甩開膀子幹起來了。

第一步是整頓。首先廢除寫借條領工資這種形式，限時將全校教職員的工資花名冊造好。為了結清前賬，他得把一箱子的借條處理掉；一些已調離本校的人員，就由公家替他們每人刻一方私章，蓋到造好的工資冊上。這樣，從下個月開始，一律按工資冊發放工資。第二步是加強對食堂的監管。基本估准每天就餐的學生人數，由章桂親自將米、面等發放到食堂。經過一段時間的實踐，教職員工能正常領到工資了，學生也不用擔心遲去食堂吃不到飯，而且菜肴的花色品種也比從前豐富了。改善了膳食之後的學生，對章桂的辦事能力非常欽佩，有一天他們竟然把他抬起來，歡呼著在校園裏遊了一圈。教師們也很欣賞章桂，戲稱他是「我們『藝專』的『孔祥熙』」。

章桂在「藝專」的工作非常順手，無論校長還是教職員都對他不錯。那位與他毗鄰而居的高姓女子，對他尤其好。章桂始終不知道高女士的名字，不好意思問吧。高女士約有二十四、五歲，人長得就像她的姓，很高，但很溫柔，說話細聲細氣。據說她是山東大學家庭系畢業的；章桂不知道她的溫柔是出於本性呢，還是與她讀的專業有關，總之，她特別會體貼人，照顧人，尤其對男人。食堂不是在山腳下麼，每次下山吃飯，她必要替

章桂買好飯菜。有時難得去小飯館吃飯，她也必定讓章桂坐著，自己張羅著點菜買菜，端飯端菜。日子長了，有些學生鬧起了誤會，以為他倆在談戀愛了。章桂無從解釋，也就不解釋了，一笑了之。

其實，高姑娘已經有男朋友了。她的男朋友章桂倒是問過，名叫宋志伊，是國民黨「三青團」訓導處的處長。這宋志伊每次來「藝專」和高姑娘相會，便和她住在一起，也就是同居。高姑娘對宋志伊當然更是體貼入微。高姑娘和宋志伊這樣的關係，從不避人，可見他們已經確定了關係，也足見高姑娘為人的本色與坦蕩。

四

在章桂未來「藝專」前，「藝專」已決定搬遷了，因為青木關距離重慶實在太遠。新校址大體選在沙坪壩嘉陵江東岸的磐溪，那裏安靜，同時也風景秀麗。「藝專」的日常後勤工作走上正規之後，陳之佛校長就把新校舍的基建任務一併交給了章桂。

由於經費上的限制，陳校長考慮把新校址選在磐溪的石家大院附近。這樣，教職員的宿舍可以租用石家的房子，節省下一筆錢，把校舍造得更好一些。當然這得有個前提，就是石家肯把房子租給「藝專」。為此，有一天陳校長帶了章桂去了一趟磐溪。這次去磐溪，一方面是再踏看一下新校址的地基，另一方面就是去石家大院拜訪它的主人石榮廷，商量租房的事情。

　　出沙坪壩鎮往東，不遠就是滔滔滾滾的嘉陵江。站在江邊，老遠就可以望見對岸山上一塊一丈多高的紅石，紅石上刻有一個極大的「虎」字，筆力遒勁，據說是石榮廷的手跡。

　　這個石榮廷，在當地是個赫赫有名的人物。他是個紳士，又是辛亥革命的元老，據說曾經和孫中山先生過從甚密。孫中山當大總統時，他是國會議員，又是大地主，可謂是有財有勢。此人解放後是被人民政府鎮壓掉的，但在當時，卻是態度驕橫，有些不可一世的樣子。

　　那天，過江之後，章桂跟隨陳校長進了石家大院。石家大院真是個大院，院落多，房子多，廳、軒、亭、臺，十分精美。因為陳校長親自登門了，石榮廷倒也還算禮數周全，但還是感覺得出他眉眼間流露出來的輕慢與倨傲。他不跟你繞彎子，說不上幾句話，就直截了當地對陳校長說：「房子我有的是，但是不太願意租給人。當然，要是徐悲鴻先生向我開口，我是不好拒絕的。」

　　他的意思十分明顯了，是嫌陳之佛校長的名頭不夠。人就是這麼一種動物，處在低處，他會脅肩曲背刻意奉承；處在高處呢，就眼睛長到頭頂，連自己的生辰八字也忘了。陳之佛校長的內心大概總有點不快吧，但他臉上沒有明顯的流露。章桂心想，看來租用石家房子的事情，大概免談了。這樣，有限的基建資金，連教職員的宿舍也要考慮進去，更得要精打細算才行了。

　　不料在回沙坪壩的路上，陳校長忽然對章桂說：「小章，看來還得辛苦你跑兩個地方，一個是磁器口，還有一個是棗子嵐埡。」

　　章桂有些不解，說：「去磁器口和棗子嵐埡？」

陳校長苦笑著點點頭說：「沒辦法，只好請徐悲鴻先生幫忙了。」看來他還不願放棄租用石家房子的打算。

徐悲鴻先生當時是中央大學美術系的教授，他居住在重慶中山一路棗子嵐埡6號。徐先生的夫人蔣碧微1939年辭去教育部科教用書編輯委員會及復旦大學職務後，接受了四川省立教育學院的聘請，由重慶移家磁器口。陳校長的意思，是讓章桂代表他分別去找徐、蔣二位，目的只有一個：動員徐悲鴻先生來「藝專」兼職，進而租到石榮廷的房子。章桂心裏清楚，這事難度肯定很大。也許正因為難度大，陳校長才不想親自出馬去請，免得碰一鼻子灰下不來臺，臉上不好看。明白了這一層，章桂只好勉為其難去試一試了。

五

磁器口在沙坪壩的正北，與沙坪壩相距很近，才兩里多地，也算是巴縣的一個重要集鎮了。作為進川出川要道的嘉陵江沿途的一個重要場鎮，磁器口早在明清時期，商業已日漸發達。清康乾時，附近的瓷窯規模日益擴大，到乾隆朝後期，這裏運出的瓷器名聲遠播川外，磁器口這個鎮名就是那時叫開的。

磁器口這個小鎮風景十分秀麗，它面臨波瀾起伏的嘉陵江，背枕著的歌樂山一峰突起，有如翠綠的屏障。若把嘉陵江比作斜斜的一帶衣襟，那麼處在山隈水陬間的磁器口，就像這衣襟上一顆晶瑩的綠玉紐扣。

　　蔣碧微的家在正街以南不遠。那是教育學院的宿舍，一排五間平房，前後都有院子，在戰時的大後方，算是比較寬舒的居住之所了。離宿舍不遠是嘉陵江的一條支流，名叫清水溪。清水溪又有支流，那支流繞了宿舍流過去，因而此地環境更顯得清幽。清水溪南岸是學院的農場和另一部分宿舍。章桂那天去蔣宅，從正街往南，走下十幾級石級，再過一座小小石橋，就是蔣宅的後門。時值九月中旬，天氣尚有些燥熱，但一進蔣家客廳，就有一股清涼之氣涵潤過來，頓時覺得渾身一陣清爽。

　　客廳的陳設非常簡樸，但是窗明几淨；特別是一對笨笨的沙發，給章桂留下深刻的印象。因為那時候，一般中國人家庭很少使用沙發，尤其是在戰時的重慶郊外小鎮。

　　那時候，蔣碧微其實早與徐悲鴻分居了，但名義上他們仍然是夫妻。那天蔣碧微恰好在家，是她親自接待了章桂。

　　說老實話，蔣碧微初始給人的印象不是特別的美麗，這主要緣於她的鼻子；她的鼻子似嫌太過肥碩。但是不多一會兒，你就能領略她的美麗了。她的確很美。張岱形容女戲朱楚生，說：「楚生色不甚美，雖絕世佳人，無其風韻。楚楚謖謖，其孤意在眉，其深情在睫，其解意在煙視媚行。」蔣碧微好像也有此種風韻。她那時應該有四十好幾歲年紀了吧，但看上去彷彿才三十出腳，穿一身淡綠素花的短袖旗袍，一點不顯奢華，卻能給人「豔冶括目，嫋娜醉心」的仙種印象。

　　與主人接談間，章桂覺得滿屋裏有許多小生靈在忽閃流竄，仔細一看，原來案上幾邊儘是各樣姿態的貓娃。粗粗數來那貓不下十幾隻，有黑，有白，有黃，有花，虎紋豹斑各色各樣。看來

蔣碧微特別鍾情這種動物，就在談話時，她的懷裏還摟著一隻小小花貓呢。

因為與主人素昧平生，沒有別的話題，所以寒暄之後就直奔主題。章桂說：「我來打擾徐夫人，是代表陳之佛校長誠聘徐悲鴻先生屈尊去我們『藝專』兼職。我們……希望徐夫人……」

蔣碧微聽了微微一笑，把懷裏的貓娃一推，說：「章先生，實在對不起，悲鴻他很少來這裏，我恐怕幫不上先生這個忙了。」

話到這兒就關門落閂了，章桂知道再多磨唇舌也無濟於事，就只好起身告辭。儘管從進門到離開，不過短短十來分鐘時間，談話也不滿十句，但蔣碧微那種真誠、坦率，還是給章桂留下了極其深刻的印象。直到離開時，回頭一瞥，他才注意到客廳牆上掛著一幅徐悲鴻的畫作。那畫畫的是幾株芭蕉，一畦青草，草地上疏疏落落的幾隻麻雀，極是氣韻生動。

去重慶中山一路棗子嵐埡6號拜訪徐悲鴻先生，是隔天的一個午後。棗子嵐埡是重慶警備司令部的所在地，是個讓人提起來就毛骨悚然的地方。徐悲鴻不知出於什麼原因，竟會選擇在這種地方安家。不過章桂知道，有個崇德老鄉鍾憲民也住在這裏。6號徐宅，正好與那個魔鬼盤踞之地門戶相對，環境特別特別的安靜。6號整一幢房子很大，徐先生大概只租了其中的幾間。章桂上門時，徐悲鴻也正好在家；他在畫室作畫。

從章桂的眼裏看去，因為有蔣碧微作參照，徐悲鴻顯得有些蒼老，一頭濃密的黑髮，已有星星點點的白霜，眼角也有細細的皺紋。整個人似乎有點疲憊憔悴。

　　章桂說明來意之後，徐悲鴻淡然一笑，說：「章先生，對不起，我對教書已經厭倦了。」

　　章桂說：「我們請徐先生屈就，不會增添徐先生勞累的。」

　　徐悲鴻說：「那怎麼可以？一旦兼職，我肯定會要認真對待的。章先生不知，我在『中大』任教授，又要自己畫畫，本身已感到時間不夠，所以請你們務必諒解，我實在再無能力去貴校兼課了。」

　　話到這裏已難以為繼，章桂只好過橋落篷了。到此，「藝專」欲租石家房子的事算是徹底告吹了。

　　附帶要提及一點的是，徐悲鴻說他任中央大學美術系教授，又要自己畫畫，時間不夠，事實上，他還同時主持中國美術學院的工作。中國美術學院是1942年七、八月間，由徐悲鴻著手籌建的，與「藝專」新校區的籌建似在同一時期，只是現在已無法查實是在章桂去請他兼職之前，還是之後，或者竟就在同時。中國美院的建院經費，大部分由中英庚子賠款董事會用賠款的錢提供，缺口部分由徐悲鴻去廣西舉辦畫展籌集。徐悲鴻肯花費那麼大的精力去籌建中國美院，那麼，他不肯接受「藝專」的兼職就是理所當然的了。

　　非常巧合的是，與國立藝術專科學校選定的新校址一樣，中國美院的院址也選在磐溪，而且租用的就是石家祠堂的房子。現在已無從考證，「藝專」的新校址與中國美院租用的石家祠堂是否鄰近？石家祠堂和石家大院相距又有多遠？依章桂說的情形看，徐悲鴻去找石榮廷商借房子，很可能是在陳校長和章桂去石家大院商談之後。照後來的情形看，徐悲鴻出面一說，石榮廷果然就一口答應了。

六

豐子愷攜家眷來重慶國立藝術專
科學校正式任職，已是1942年的11月份
了。這時「藝專」新校舍尚在建設之
中，豐一家就暫住在風生書店的前樓。
章桂認為，從此他在沙坪壩也有了家，
每逢週末，他就回家去，那裏有一張屬
於他的行軍床。他躺在這張狹小的床
上，就會感到無比的溫馨。

這期間有一件事，章桂至今想起來
依然覺得好笑。他有臨睡前半躺在床上
看書的習慣，一次，他讀著讀著竟迷迷

幼年豐新枚

糊糊睡著了，手裏的書掉落，蓋到蠟燭火上就著了火。幸虧豐子
愷及時發覺，趕過來叫醒他，一頓撲打把火撲滅，這才未釀成
火災。

造成這事的原因，主要是那一階段章桂實在太累，他既要做
好學校的日常事務工作，又要隔三差五跑新校舍工地。好在他年
紀輕，精力充沛。豐子愷來校後也很關心章桂的工作，特別對於
新校舍，他多有指導。他對章桂說，藝術學校校舍要有藝術性，
門窗不能太呆板。在裝飾上，豐子愷替他出了不少好的主意，要
這樣這樣，要那樣那樣，所以人都稱讚章桂，說這小夥子看不
出這麼內行。章桂至今說起來依然感激豐子愷，說：「那都是慈

伯教導的。」又說：「我一生受慈伯教誨多多，這是永生難忘的。」

待到新校舍全部竣工正式投入使用，好像已經是第二年，即1943年的春天了。新校舍的校牌，章桂記得清清楚楚，是豐子愷寫的。

那年將到五月的時候，天氣已相當的炎熱，風生書店的樓層起閣很低，到夏天肯定無法住人。再則，這時陳瑜清已離開書店，去小龍坎的樹人中學教書了。熟人不在了，繼續住在那裏總有一些不便，於是豐子愷決定另覓房子，搬離書店。不久，終於托人尋到了正街東面一間劉姓人家的墳莊屋，就搬了過去。

這劉家墳莊屋一共三間平房，東邊一間已為雕塑家劉開渠租用，中間一間供著劉氏祖宗的牌位，空著的西間就租給了豐家。墳莊屋沒有窗戶，只有一個小小的天窗，雖然陰涼，適宜度夏，但光線太差，無法看書作畫。不得已，豐子愷只好雇人加開了一排天窗，這才解決了白天工作的採光問題。通共這麼一間房，不分臥室，不分起坐，不分書房，也不分廚房；所有的床鋪，床腳接床頭，沿牆擺放一周，燒飯在一角，書齋在一隅，起坐、吃飯、活動在中央。可以想見，日常生活有多少艱難了。

像在風生書店時一樣，在劉家墳莊屋章桂也有一張床。一般週末他便回家，嬤媽像待兒子一樣待他，關心他。嬤媽叮囑他說：「章桂啊，星期天學校不辦公，你就到家裏來吃飯。」所以，只要沒有特別的事情要處理，他總是去劉家墳莊屋度週末的。

大概章桂的工作能力和工作業績得到了校長的首肯，所以那時他在「藝專」的工資待遇已相當之高。他的工資約有三百元，

章桂記得只比豐子愷少幾元錢,他又沒有負擔,一個人用不了那
麼多,也根本不考慮自己應當積攢點錢。他見慈伯負擔重,但又
不能沒有緣由去給他們錢。那時新枚尚幼,嬸媽奶水又不足,全
靠吃煉乳解決,於是章桂每次去,總是買煉乳去,記得最多一次
他買了有好幾十罐;除了煉乳,他還買些肉啊魚啊什麼的菜蔬。

看來抗戰不可能在短時間裏很快結束,豐子愷就萌生了一
個徹底解決居住問題的想法:造一所屬於自己的房屋。他把這想
法告訴了章桂,章桂也贊同。不久,經吳朗西介紹,覓到正街西
面廟灣的一塊地皮,造屋的計畫就正式啟動了。章桂找到曾經承
建「藝專」新校舍工程的大中華營造廠(相當於現在的建築公
司),要他們來為豐子愷建房,造價當然要絕對優惠。這無須多
說,彼此心照不宣。章桂記得,事實上大中華營造廠差不多只算
了材料費。這屋就是後來盡人皆知的被稱作「沙坪小屋」的
新居。

七

就在「沙坪小屋」尚未完工,豐家仍住在劉家墳莊屋的時
候,豐子愷和章桂之間發生了一椿事情。這是椿讓章桂連做夢都
想不到的事情,一椿讓他百思不得其解、讓他痛苦一輩子的
事情。

這年夏天的一個週末,大概因為忙,章桂在學校吃過晚飯後
才去劉家墳莊屋的。已經很晚了,推門進去,只見滿屋裏靜悄悄

的，看來一家人都已睡下了。章桂便輕手輕腳摸到自己床邊，剛要躺下去，只聽豐子愷說話了，他說：「章桂，你過來。」

原來慈伯還未睡著。章桂就答應一聲走了過去，說：「慈伯，有什麼事啊？」

豐子愷冷冷地說：「你不用住在這裏了。」

好像扔過來一塊冰磚，章桂心裏一涼，一沉，一痛，一時不知怎麼搭話了。

豐子愷說：「你既然為陳之佛做事，你該睡到他家去，不要睡在這裏。」

及至聽了這句，似乎有一點點頭緒了，再一想卻依舊茫然。他這人一下子就呆掉了。一時間，他的腦子好比一架機器飛速地運轉，他想不出到底發生了什麼事？想不出是不是自己在什麼地方得罪了慈伯？他想來想去想不出他到底做錯了什麼？紊亂的思緒理不出一個頭緒，屋內的空氣卻壓抑迫促，使他無法再在這屋裏堅持下去。真的一刻也待不下去了，這就是所謂無立足之地吧。他竭力想控制住自己，可怎麼也控制不了；他的眼淚突眶而出了。他不能再賴在這裏；他只好選擇離開。人家都趕他了，他能還死乞白賴地賴著不走？

章桂剛剛跨出門檻，只聽身後傳來兩種聲音：「砰」和「咔噠」。前者是關門聲，後者是落閂聲。關門落閂，那是決絕；章桂越加傷心了。

那是個沒有月亮的夜晚，放眼一片漆黑。黑魆魆鬼影一樣的沙坪壩，現在成了真正的異鄉客地──章桂無路可走啊！他拖著兩條腿，茫然無措地向前走去。石蛙的鼓鳴忽然從四周響起，咯咯咯咯，叫得人心亂如麻。走了一段路後他才發現，其實天上

有星，星光慘澹，卻是一點微明。章桂走到沙坪壩正街，見街上尚有三三兩兩的居民拍著芭蕉扇在街邊納涼。章桂走過這些人身邊，聽著他們天南海北地閒聊，越發感到自己是多麼的孤單！

他找了一處黑暗的街角，在階沿石上坐下來。到這時他再也控制不住自己，就失聲痛哭了起來。他想不通一直「舌甜」自己的慈伯，竟會如此絕情。他反省自己，有什麼地方惹慈伯生氣了。什麼地方呢？什麼地方呢？他搜腸刮肚苦苦地回憶。

「你既然為陳之佛做事，你就睡到他家去。」

這話什麼意思？章桂想，我為陳校長做事？我為陳校長做什麼事了？我沒為陳校長做過任何私事呀！若說因為陳校長是一校之長，為學校做事就是為校長做事，這樣的指責，不覺得過分麼？以慈伯一貫的寬厚仁慈，怎麼會……章桂不敢想下去了。

坐了一會兒，章桂忽然擦乾眼淚，站起身，又往前走了。走著走著，不知不覺來到一家門前。他抬頭一看：流憩廬。——陳之佛校長的家！這時章桂才意識到什麼，他問自己：我是來找陳校長的麼？我為什麼要來找陳校長呢？

陳家還開著門，老遠就傳來談笑的聲音。幢幢燈影裏，只見一群學生圍著陳校長在說著什麼愉快的事情；陳夫人和兒子也坐在一邊。天氣這麼熱，這裏卻是如坐春風。章桂不知道自己要幹什麼；他想，或許可以找陳校長談談心，訴說訴說自己心中的委屈？但是，他立刻覺得這不合適。同時，陳家這麼好的氣氛也阻止了他。於是他歎口氣，悄悄離開了。

他回到街上，坐在一家的屋簷下，想想又傷心地落下淚來。一個念頭閃電一樣來到腦際：會不會慈伯與陳校長之間產生什麼矛盾了呢？「你既然為陳之佛做事，你就睡到他家去。」可是在

一般人的眼裏，兩位都是有名的畫家，又都有一副菩薩心腸，待人接物再謙和不過的。尤其陳之佛，人背後都管他叫「佛菩薩」。前文說過，陳校長生的矮小，師母卻是人高馬大，人開玩笑說陳校長踮起腳正好夠得著吃奶，這樣的話傳到陳的耳朵裏，他也一點不生氣。這樣兩個人，誰相信會鬧矛盾呢？

但是過細想來，兩人間還是有發生齟齬的蛛絲馬跡的。章桂想，這麼說，兩個人真的是有了矛盾了？

「由於這矛盾，我越是工作出色，越是得到陳校長的肯定，就越讓慈伯反感。看來，慈伯是遷怒於我了。」章桂不敢肯定地這麼想。

陳之佛不是聘豐子愷為教務主任麼？事實上，這個教務主任是空的。文人相輕，自古皆然；哪怕再謙虛的人，其實骨子裏也傲。汪曾祺是有名的謙和慈祥的老頭兒，但他就曾坦言過自己表面上謙遜，骨子裏傲。他寫〈桃花源記〉，有人說陶潛的千古名篇擺在那兒了，你還敢寫？汪曾祺說，為什麼不？就寫！這就是傲。但他確實有傲的資本；他寫的新〈桃花源記〉確是不錯，絕！當然，這個傲和文人相輕不是一碼事，但你能說這兩者沒有一點點關係？往往傲著傲著就輕了。「藝專」教授大多是當時一流的名家，比如說大名鼎鼎的傅抱石，就是校長室祕書兼國畫系主任；他還兼著中央大學美術系教授呢。再比如說吳作人，又是一個重量級的畫家，他是西畫系主任。豐子愷要在名家薈萃的這樣一所學校當教務主任，你說好當不好當？可惜當時的美術院校還沒有漫畫系，「藝專」當然也不設，豐子愷在「藝專」就有點使不上勁。他除了上幾堂「藝術概論」之類的大課，簡直沒有多

少事情可做。這可能讓豐子愷覺得非常難受。由難受難免生出怨望，覺得自己好像受了欺騙一樣。

在這樣的背景下，產生這樣的心理，大概也屬正常的吧，恐怕換了誰都會如此。章桂不知道陳校長有沒有察覺豐子愷的情緒變化？有沒有省悟到自己人事安排上的疏漏？從客觀上看，似乎他一概沒有察覺，於是，問題就這麼出來了。而恰巧在同一時候，章桂的業務能力得到了校長的讚許，他工作起來當然格外努力，和陳校長也有意無意更加的接近。這在有一肚子委屈和不滿的豐子愷看來自然就很反感，他無從發洩，只好把氣撒到章桂頭上了。

章桂還在流淚，他抬起淚眼望著夜空。暗藍的天空，星星似乎多了許多，那是天籟的目光在撫慰章桂。蚊子成陣；沙坪壩的蚊子是出了名的厲害，個大，嘴尖。章桂就想，我不該怨恨慈伯，我應當體諒他。章桂認為，慈伯還是『舌甜』我的；還有嬸媽，她始終關心我，愛護我。我應當回去，不可以意氣用事。說到底，自己在異鄉，只有他們是最親最親的人了。

章桂揩乾眼淚站起身，蹭蹭捱捱地往回走。走到家門口，他又遲疑了，心想，要是仍不讓進屋怎麼辦？又想，不讓進屋就學一學「程門立雪」，站一夜算了。

他就這麼站著。站了一會後，終於按捺不住，伸手去推門。誰知一推，門居然吱呀一聲開了。離開的時候明明關門落閂，現在門開了，這個事實立刻讓章桂的心柔軟起來，他的眼淚再次流了下來。他判定，這門是嬸媽為他留的。但嬸媽為他留門，顯然是得了慈伯許可的。這就表明，豐家仍將一如既往地接納章桂，

章桂仍然是這個家庭的一員；他不會因此而孤單，不會，他相信。

有人曾經出過一道測試題，問：這世上什麼東西最深？種種答案被否定之後，回答是人心。這就叫「人心叵測」。人心叵測不應該是貶義的；人心叵測，人我都一樣，因為人心最活，片刻即異，連自己都難以把握。心直口快，表裏如一，有則改之，無則加勉等等，只能在大致方向上，其實誰都難以完完全全做到。而且人性之中還有一條，就是情感，情感紛繁，細如絲縷；人一旦有了情感裂痕，不分對錯，不管正反，都很難彌合，恢復如初。哪怕明明知道是誤會，明明知道是錯怪，誤會消除了，隔閡解開了，陰影卻留下了。何況章桂再親，終究隔了一層；說到底，不管是別人還是章桂自己，潛意識裏，其實他只是一個店員，工友，甚至僮僕。

那年夏夜的不愉快，就這樣永遠結痂在了各自的心裏。九十歲的章桂如今說起來，仍然非常遺憾和心酸。他說：「我從小沒了親娘，我對慈伯和嬸媽的感情，真的如同自己父母一樣。」

【同期聲】

我是第一次知道。正如前面所說，父親任性。不過，我看了之後有兩點感想：（1）我總覺得這件事很複雜，現在是簡單化了。（2）父親一生中從未在我面前對陳之佛先生有任何微詞。所以我說這件事一定很複雜。

——豐一吟批註

八

　　大約豐子愷覺得自己不合適再在「藝專」待下去了，因此當沙坪小屋落成之後，他便辭去了教職，在家過起了「賦閒」的生活。

　　公平地說，豐子愷離開「藝專」本與章桂沒有關係，但是夏天的不愉快一直是章桂跨不過去的一道門檻，他覺得他不應當再在「藝專」幹下去了，於是他向陳之佛校長提出了辭呈。這實際上是在陳之佛和豐子愷之間作的一次抉擇，代價是失去一份不錯的工作，但章桂毫不猶豫地選擇了豐子愷。

　　可是陳之佛校長很不理解，他說：「你幹得好好的，為什麼要走？」

　　章桂不想多說，他說：「陳校長，你就讓我走吧。」

　　陳之佛：「小章，『藝專』真的少不了你。你想你一走，財務這一攤子交給誰？」

　　章桂去意已決，只好言不由衷地說：「可以交給張唯義。」章桂知道，張唯義是陳之佛的學生。

　　陳之佛搖搖頭說：「交給張唯義？」停了停忍不住又說：「你別聽他說的好聽，他的名字叫唯義，其實是唯利。交給他，我不放心。」

　　章桂說：「陳校長，我……我真的要走，你就放行算了。」

　　章桂的吞吞吐吐，陳之佛應該想到為什麼，但他似乎沒有想到；他堅持不同意，再三挽留說：「幹得好好的，何必一定要走呢？」

　　但是章桂鐵了心了，陳之佛不同意，他就把帳簿、工資冊等文件以及教職員工的私章，全部移交出，硬是不去上班了。

　　後來陳之佛沒有辦法，果然讓張唯義接手了。不過，不久之後，陳之佛自己也離開了「藝專」。陳之佛的離開或許有多種原因，但與豐子愷之間發生的不愉快，恐怕也是一個因素吧。

　　辭職之後，教育部總務司曾派人找到章桂，請他去部裏工作。教育部總務司怎麼會知道章桂呢？那是因為章桂在「藝專」工作出色，有一年他還得到過教育部的通報表揚。通報大意為：全國所有大專院校的總務工作，國立藝術專科學校最為出色。之所以有此成績者，蓋因總務主持者章桂先生也。

　　教育部總務司的邀請，當然也讓章桂動心，但他既為豐子愷辭了「藝專」的工作，再就業自然要徵詢他的意見。豐子愷想了想說：「不去吧，太遠了。這麼遠，你一個人去那裏，我不放心。」

　　的確是遠；教育部當時在青木關，離開重慶有百里之遙。豐子愷說這話，應當是出於真心的。不過從中也可以讀出，對於夏天無端遷怒章桂一事，豐子愷感到了內疚。他讓章桂留在身邊，也是重修舊好的一個表示吧。

　　不管怎麼說，豐子愷的話讓章桂重新感受到了親情的溫暖。

　　豐子愷安慰章桂說：「我會設法替你找到工作的。」

　　此後，豐子愷的確為章桂去過交通部等數個單位聯絡，但始終落實不了。

　　在沙坪小屋住了一段時間後，重新工作的希望依然渺茫。章桂想，不能就這麼坐吃山空了。有一天，他對豐子愷說：「慈伯，我想去桂林看看，也許可以販點書來賣賣。」

　　豐子愷想了想說：「也好。」

　　這樣，章桂就離開重慶，動身去了桂林。他原本只是想的生計，去桂林跑一趟「單幫」，也是權宜之計，但是，人往往不知道在前面等著自己的是什麼，章桂走出這一步，其實是重新踏上了遠離豐子愷一家的命途；並且，他後半生的坎坷也由此發軔了。

逃難・第捌站・重慶之二

平懷頻滄溟，寂觀盡寥廓。

——馬一浮避寇述懷詩

一

　　章桂去桂林，不是無的放矢。桂林有他熟識的書店和朋友。第一趟到桂林，他就在新亞書店賒了一批掛圖和蔣介石、林森等人的像，又在別的書店賒了一些圖書，打了包，雇一輛私人汽車裝運到重慶。他一面做批發，一面跑學校去推銷，一下就打開了銷路。之後，有的學校還主動上門來訂購教科書，因為數量大，他就專程跑一趟桂林。一般他是七五折拿來，九折批給書店和學校。這樣的價格，在當時的重慶圖書市場還是算較為優惠的，但是章桂說：「很賺錢的。那一段時間，我有了錢；記得最寬裕時手裏有三萬多元。這麼多錢，在沙坪壩可以買到兩個鋪面了。」

　　這應該算是章桂正式投身書店出版行業的小試牛刀。用現在的話說，是章桂賺的第一桶金。大約在1944年吧，章桂在重慶民生路（當時重慶的書店、出版社大多在民生路）冉家巷8號開了

一家萬光書局。章桂開書局，一是因為手裏有錢，即有了資本，二是受了朋友們的慫恿。因為章桂認識的一些文化界朋友裏，有作家，作家手裏有書稿，當然要出書。為何叫萬光書局呢？因為書局的圖書來源主要是上海的萬葉書局和光明書局。萬光書局賣書，也帶賣文具，同時還搞出版。這是當時大多數書店經營的一般模式。

幾年裏，經章桂的手出版的圖書，記得起來的有英漢對照本《天下一家》。這本書是當時的美國副總統華萊士在重慶賓館門前的一次演講，由鍾憲民翻譯的。上文提到過，這位鍾憲民是崇德老鄉，在國民黨政府的宣傳部任職，與紅人潘公展、張道藩軋淘。《天下一家》因為合時，銷得不錯。還有兩本劇作，一本《董小宛》，一本《精忠保國》。這兩本書的作者叫冒舒諲。冒舒諲在化龍橋中國銀行工作，一年四季西裝筆挺，他自稱是冒襄冒辟疆的後代。冒襄是明清鼎革時期的著名文人，與方以智、陳貞慧、侯方域並稱為明末四公子。他飽和著血淚寫成的《影梅庵憶語》可以說是家喻戶曉。由冒舒諲創作的《董小宛》，取材大約主要是《影梅庵憶語》吧，但作為冒氏的後代，他的筆底是充滿感情的。再說，像《董小宛》、《精忠保國》這樣的題材，也與抗戰的精神合拍，章桂接受了書稿，很快就出版了。

後來，一次去沙坪壩探親，章桂說起自己經營的書店，談到誰誰誰出了什麼書，誰誰誰又出了什麼書，豐子愷說：「那我這裏也有兩本書稿可以出的。」

章桂說：「好啊，那就出吧。」

於是很快，豐子愷的兩本書也由萬光書局出版了，一本是《教師日記》[註1]，另一本是《人生漫畫》。九十歲的章桂朝我苦笑笑，抱歉地說：「結果書是出了，卻沒有付稿費。」

在當時的重慶搞出版，除了資本，紙張是一大問題：紙張供應特別緊張。章桂因為在軍事委員會政治部印刷廠有要好朋友，所以出版用紙一直由他們幫忙供應。

其實搞出版、辦書店也不容易，除了資金、紙張，政府部門的審查也很嚴格。當時國民黨有一個專門審查圖書的機構，叫「圖書雜誌審查委員會」，具體地址章桂已記不清了，印象裏是一幢大樓。審查委員會的負責人是潘公展。記憶最深的一次，是為銷售蘇聯作家蕭洛霍夫的長篇小說《靜靜的頓河》，捧了樣書去送審。這部《靜靜的頓河》，那時剛剛翻譯過來，由上海光明書局打包經金華（或許是廣州）輾轉寄運來的，一共四部。章桂為了及時上架，書一到，他就親自捧了樣書去圖書雜誌審查委員會。因為性急，他一到那裏就嚷嚷著要他們立即審查，他在一邊立等。

審查委員會的人冷冷地看著這個滿頭是汗的年輕人，正待開口，從裏面辦公室踱出來一個人。章桂一看，是老鄉鍾憲民。

鍾憲民哈哈大笑說：「我說是誰呢，這麼大的口氣，原來是你仁兄！」

章桂不好意思地笑笑說：「急等上架呢。」

註1：《豐子愷文集》第七卷所收《教師日記》注明：〔重慶〕萬光書局一九四四年渝初版。

鍾憲民說：「審查有這麼快的麼？沒有當場送當場審當場取回的道理的，你得等兩天。至少得兩天。兩天後你來取，這是最快的速度了。」

章桂回憶這一時期，他的生活是既辛苦又愉快。因為手頭寬裕，他在離書店不遠的民生路七星崗對面的蜈蚣嶺，花一百五十萬元買了一幢六樓六底的房子。說起來這房子有六樓六底，其實底層又破爛又潮濕，派不來用場的。但章桂在重慶總算第一次擁有了自己的房子。

就在這時，他得到一個信息：同鄉楊子才在貴陽被國民黨逮捕，關押三年後，移送到重慶來了，關在集中營裏。

章桂是怎麼得到這個信息的呢？

原來這信息是楊子才自己送出來的。就在他被押解到重慶，從囚車上下來到監獄的途中，忽然看見街角立著的一個綠色郵筒，就靈機一動，在一張香煙殼子上寫下一行字：「章桂，我已來重慶。」並找個理由將這張紙塞進了郵筒。這事現在想來似乎有點匪夷所思，但事實上幾天後，這張皺巴巴的香煙紙就由郵差遞到了章桂的手上。

楊子才於1938年12月28日崇德書店被炸後，考取了國民黨軍委政治部辦的電信班。電信班在桂林郊區的三合村，離開豐子愷教書的兩江師範和豐居住的泮塘嶺都很近。畢業後，他被派往桂林園背村國民黨政治部電臺做報務員。當時的工資待遇是少尉級，不久升為中尉。

現年八十九歲高齡的楊子才已記不清是什麼原因，他後來離開了政治部電臺，到貴陽，考取了中央通訊社的準備電臺。何謂

準備電臺呢？中央通訊社在重慶有一個總電臺，那時日機不是常來空襲麼，萬一總電臺被炸，就可以啟用準備電臺。楊子才在準備電臺仍然是報務員，發送中央社（CAP）的消息。

楊子才在中央通訊社準備電臺，本來幹得很好的，不久，在一些事情上與社長意見相左，他就跳槽進了西南公路局電臺。公路局電臺有一個姓計的同事，是楊子才嘉興中學時高幾級的同學。他們相處得非常好。

楊子才思想上一直傾向革命，傾向共產黨，有一天他突然遭到國民黨的逮捕，被投入了監獄。1945年抗戰勝利前夕，他被移送到重慶集中營。就是在集中營裏，他認識了《新蜀報》總經理、香港《光明報》督印人兼總經理大名鼎鼎的新聞學家薩空了。

楊子才被捕這事，當時還流傳一段花邊新聞，說是因為楊和電臺臺長同時愛上了一個女子，兩人爭風吃醋，臺長就誣告他「通共」。章桂得到楊子才的消息後，就利用這條花邊新聞，專程去了一趟浮屠關「三青團」中央團部宿舍，找到他在「藝專」時的同事高女士，轉請她愛人宋志伊去保釋，宋一口答應了。恰逢抗戰勝利，所以沒費多少周折，就把楊子才保釋出來了。

出獄後的楊子才一直找不到工作，章桂就讓他住到自己家裏。八十九歲的楊子才笑著回憶說：「我在章桂那裏吃了一個多月的隑飯[註2]，後來搭乘國民黨軍政部儲備司（司長莊明遠）的輪船，離開重慶，回到了南京。」楊子才說：「章桂真是個好人啊，我會記他一輩子恩的。」

註2：隑飯，江浙一帶方言。隑，依靠；隑飯，意為靠別人養活。

上個世紀中期以前出生的中國人懂得感恩。感恩應當是人諸多美德中的一種，可惜現在已經難得見到，這不能不說是人類的悲哀了。

二

1945年8月14日，是中國人永遠不會忘記的日子，那一天日本帝國主義無條件投降了！堅持抗戰八年的中國人民終於迎來了勝利的那一天！

抗日戰爭的勝利給離鄉背井逃難到大後方八年之久的文化人，同樣帶來無比的興奮和希望：他們可以結束流浪，復員返鄉了！

這情景與一千一百八十二年前，「安思之亂」結束後，杜子美在四川梓州（今三臺縣）得到官軍收復河南河北的消息何其相似乃爾！

都說歷史常常有某種巧合，可不是！「安史之亂」（755-763）給李唐時代的中國人民同樣帶來過八年戰亂的深重苦難。其時避難在劍門關外的詩人杜甫，聽到平叛喜訊，興奮得一改以往沉鬱頓挫的詩風，立刻提筆寫下了生平第一首快詩。這詩彷彿瀑布直下，又如駿馬下坡，熱情澎湃，一氣呵成，成為了千古絕唱。老杜在這首名叫〈聞官軍收河南河北〉的七律裏歡快地唱道：

　　劍外忽傳收薊北，初聞涕淚滿衣裳。

卻看妻子愁何在，漫捲詩書喜欲狂。

白日放歌須縱酒，青春作伴好還鄉。

即從巴峽穿巫峽，便下襄陽向洛陽。

　　寫完詩的杜工部立即動身，啟程回久別的故鄉河南洛陽去。
——他有一條屬於自己的船，可以想走就走。一千一百八十二年
之後的現代中國人就沒能這麼爽快了；人人都想回家，可回家
必須得具備兩個條件：一是交通工具，二是路費。因為大量的人
流，加上八年戰事帶來的混亂，交通方面尚未恢復正常，一時間
汽車、火車和輪船都滿足不了需求；更有人兩手空空，根本沒有
能力支付那一大筆盤川。所以，雖然可以復員了，許多人還是只
能徒歎「何處是歸程，長亭更短亭」。

　　豐子愷一家也為路費問題困擾，一時無法返鄉。為籌措川
資，豐子愷於1945年11月在重慶舉辦了一次畫展，次年1月又在沙
坪壩和七星崗各舉辦了一次。直到1946年4月，他賣掉居住了三年
的沙坪小屋，這才湊足回鄉的路費。路費夠了，交通工具卻成為
了問題；他就移家重慶凱旋路，一邊等待歸舟，一邊享受重慶臨
去秋波的美麗。三個月後，終於如願以償，他率眷七人踏上了復
員返鄉之路。

　　章桂同樣沒有能力返回故園。由於他那一段時間經營圖書太
過用力，庫存的大量有關抗戰的圖書，因為失了時效，積壓了下
來——他虧空了一大筆資金。他滿心裏希望豐子愷復員還鄉能將
他帶上；他記著八年前豐子愷帶他離鄉逃難前夕跟他父親下過的
保證。但是他失望了，豐子愷沒有一點點要捎上他一同回鄉的
意思。

三

　　1945年，章桂二十八歲，拿現在的話說，已屬大齡青年了。他姐姐幾次來信，催促他應當成個家；到後來甚至拿「不孝有三，無後為大」來教訓他了。就在這時，世界書局經理姚鉅堂夫婦熱情地為章桂保媒，章桂就一口答應了。

　　女方是熟人，就是周潤波的女兒周鳳珍。那一年，周鳳珍才十六歲，和章桂整整相差了十二歲。人生真是個琢磨不透的定數，章桂一直以小妹妹的態度來對待鳳珍，並且在很長一段時間裏將她忽略了。但是鳳珍心裏卻一直惦記著這個男人，從沒有淡忘過。幾年前，周潤波一家也來到重慶。周潤波在光明書局任職。就像在柳州、桂林時那樣，章桂與周家常有來往。現在天從人願，章桂和周鳳珍終於走到一起，成就了一段前世姻緣。在以後漫長的夫妻生活裏，苦也好，甜也好，周鳳珍始終對章桂很

章桂結婚照

好，吃什麼苦遭什麼罪都毫無怨言，而且始終認為，是她追求章桂的。

1945年11月12日，章桂和周鳳珍在重慶中華路四海大廈舉行了婚禮。婚禮既簡樸又熱鬧，許多文化出版界的朋友都來了，其中一些名人值得一提。

婚禮前，章桂特地到葉聖陶先生家，一是邀請他喝喜酒，二是懇請他在婚帖上題詞。葉先生當時是開明編譯所的所長，《中學生》雜誌的主編，和章桂有些交往，也算是開明同仁吧。葉聖陶先生愉快地接受了邀請，並欣然命筆，在婚帖的封面上題了「百年好合」四個篆字，又在扉頁上寫下這樣的題辭：

> 吉士佳人，珠聯璧合。嘉賓咸集，良宴斯開。
> 幸署芳名於此帙，用證百年之永好。
>
> 　　　　　三十四年十一月十二日　　葉紹鈞　書端

11月12日那天，葉先生高高興興地跑來參加婚禮了。

圖左：葉聖陶題簽的婚帖封面
圖右：婚帖扉頁葉聖陶的題詞

豐子愷的賀畫　　　　　　陳之佛的賀畫

　　從葉家出來，章桂又去了陳之佛家，他也邀請陳先生來喝喜酒。陳先生在婚帖上畫了一幅《雙鳥圖》，題款為：

　　　　章桂先生，鳳珍女士嘉禮。雪翁謹賀。

　　但是，陳之佛沒來參加婚禮，大約怕碰見豐子愷彼此尷尬吧。
　　當然，章桂也專程去邀請豐子愷一家了。豐子愷在婚帖上畫了一幅《同心圖》，題辭為：

　　　　二人同心，其利斷金。
　　　　璋圭、鳳珍結縭紀念。子愷畫祝。

　　豐子愷也未出席婚禮。他在事前派長子華瞻送來一枚私章，意思是願意作個缺席的主婚人，可以將印蓋在結婚證書主婚人的名諱下。
　　這樣子，章桂自然不開心了，一氣之下，也就沒用那枚印章。為此，他特地跑到刻字店為他父親刻了一枚章，蓋在結婚證

主婚人的名字下。當然，主婚人同樣是缺席了。既如此，他索性在《中央日報》、《掃蕩報》登了〈結婚啟事〉，〈啟事〉上「主婚人」一欄也赫然寫上了自己父親的名字：章占奎。

那天的婚禮的確是既簡樸又熱鬧，文化出版界的朋友來了有八十六位，其中不乏有名的人物。除葉聖陶先生外，還有擔任證婚人的傅彬然先生。傅先生也是浙一師畢業，與豐子愷同為李叔同老師的高足。他是開明書店的編輯，地理學家。黃洛峰，三聯書店香港總部經理，解放後出任出版總署出版處處長。章錫珊，開明書店總經理。張靜廬，上海雜誌公司總經理，時任新出版業聯合總處總經理，大家都喊他張老總；解放後，張靜廬出任出版總署計畫處處長。所謂聯合總處，是聯合了三聯書店、作家書屋、三戶圖書出版社、文化生活出版社、時與潮出版社這麼幾家出版社，而成立的一個同仁

來賓簽名

機構。作家書屋是姚蓬子辦的。三戶圖書出版社是馮玉祥辦的；冠上「三戶」的名字，是取先秦《楚人謠》「楚雖三戶，亡秦必楚」的句意。文化生活書店是巴金辦的。時與潮出版社是東北流亡來的一個出版社。

額外要提一下的是姚蓬子。姚蓬子現在之所以為人所知，是由於他的兒子姚文元。但在三、四十年代，這個姚蓬子是較為活躍也小有名氣的。早在1932年的3月31日，魯迅先生就曾寫過一首〈贈蓬子〉的詩。1998年出版的《魯迅作品全編·詩歌卷》，這首詩的注釋是這樣介紹姚蓬子的：

> 蓬子，即姚蓬子。1927年加入共產黨，1930年參加左翼作家聯盟，1932年被捕，1934年5月發表〈脫離共產黨宣言〉，叛變投敵，充當國民黨特務。魯迅應他請求寫字時，還在被捕以前。

這麼說起來，1945年的姚蓬子應當已是國民黨特務，那麼，他辦作家書屋就很讓人懷疑了。但是，這個姚蓬子在文化界就這麼一直混著，雖然混得不是很好。《王映霞自傳》裏有一節「我家的常客」，其中說：

> 一九二八、二九年，那時姚蓬子在上海沒有職業，很窮，經常到郁達夫家去玩，吃飯時便留下一起吃了。他也寫文章，托郁達夫介紹給刊物發表，得點微薄的稿費。……姚蓬子講的是諸暨話……姚蓬子一喝酒就臉紅。

　　在重慶文化出版界，姚蓬子似乎也比較活躍，有時也出席文化人的婚禮。除章桂這一次，就我見到有記載的還有一次，就是葉君健和苑茵的婚宴。那次是在三年前，即1942年10月25日，地點是在一家有名的穆斯林飯店，叫百齡餐廳。當時重慶文藝界的知名人士差不多都出席了，如臧克家、孔羅蓀、馮亦代等。姚蓬子也去了。苑茵回憶說姚「那時是一個出版社的老闆」，想必就是作家書屋了。苑茵還說他是「與CC派有關係的『文化人』」，那麼，姚蓬子其時是國民黨特務就真是的了。

　　可是姚蓬子面子上依然是個文化人的摸樣。章桂回憶說：「姚蓬子鬍子拉茬，看上去糟老頭子一個，也喜歡打麻將。令人奇怪的是，他的作家書屋也出了許多進步人士的書；同時，這些人也是他的朋友。」

　　當時張靜廬非常好客，經常邀朋友們上他家吃飯、打麻將。章桂常去，姚蓬子也常去，久而久之就熟了。熟識之後，朋友們閒聊，姚蓬子會指著章桂對大家說：「這個小鬼伯伯手面大得很哩。」一次，三聯書店要新開一家門市部，有人提議讓章桂去當經理，姚蓬子摸摸連鬢胡，半開玩笑地說：「反對！這個小鬼伯伯不能讓他去，大手大腳。他的書店不大，你瞧瞧他的辦公桌，大得來好當床睡覺。叫他去當經理，還不大手大腳完？」

【同期聲】

章桂哥結婚時，我父親願任主婚人，他特地預先叫華瞻哥持父親的圖章交章桂哥在結婚證書上蓋上。章桂哥對此表示不滿，怪我父親為何不參加他的婚禮，因此他不要蓋這枚章，而用了他父親的名字作主婚人。（這些都

是他自己說的，我本來不知道。）這裏我要提醒一下：
他結婚是1945年11月12日，而那一年的11月1-7日，爸爸
正在為回江南籌措路費而在重慶兩路口辦畫展。父親的
畫是不賣的。誰要買，他就重畫，畫展結束後畫了給人
家。12日那天，料想他正忙著「還畫債」呢。章桂哥其
實也可關心一下畫展的事，何必主觀地一味責備他不來
參加婚禮呢！

　　　　　　　　　　　　　　　　　——豐一吟批註

四

　　轉年到了1946年7月，豐子愷一家七口終於踏上了復員返鄉之
路。章桂因為虧空一大筆資金，一時沒有能力回去，只好在重慶
滯留下來了。

　　其實打從抗戰勝利那天起，章桂也一直企盼著復員還鄉。他
期待著豐子愷能來找他商量此事，就像九年前在南聖浜，豐子愷
與他商量一起離家外出逃難一樣。但是沒有。六十一年後章桂重
提此事還說：「哪怕你有口無心跟我提一下也好，那多少也是一
種安慰啊。這說明你心裏仍然有我，說明你還記得逃難出來時你
對我父親的承諾。」但是沒有。豐子愷帶了他的家人走了；章桂
在感覺裏彷彿被拋棄在了異鄉，他感到從未有過的失落和孤單，儘
管此時他已經成了家。

　　比照同一時期豐子愷對周丙潮一家的關心，更讓章桂感到
寒心和悲傷。當時周丙潮仍在浙大工作（他去浙大也是豐子愷推

薦的），浙大分批復員返回杭州，周所在的科室有人恐嚇他，意思是不讓他領取搭學校包車回杭州的復員費。丙潮當時已是五口之家，孩子尚幼，妻子又體弱多病，生計本來就艱難，如果爭取不到公費，勢必流落異鄉，他一家將如何生活？因而一時寢食難安，只得把這一情況寫信告訴豐子愷。豐子愷立即回信說：

> 你是浙大人，不是誰的私權所能阻難的。倘竟有誰人膽
> 敢留難，不讓公費復員，你就借籌旅費自費回杭州。倘
> 沿途有困難，隨函附有幾張名片，都寫明舍親表弟周丙
> 潮率眷返杭，旅費有困難，甚望如數借給，日後由我歸
> 還……

兩相對照，孰親孰疏，就非常清楚了。但是章桂沒有憤怒和怨恨；他有的只是說不出來的委屈和傷心。

【同期聲】
丙伯為南歸向我父親求援，章桂哥對此不滿。其實，章
桂哥如來向父親求援，父親也會幫他。章桂哥好像從未
向我父親提過南歸的事。

—— 豐一吟批註

恰在這時，他的一個朋友上門來了。這人叫周宗漢，湖州人，他是來要回借款的。一年前，章桂因為要出版一批書，一時資金周轉不靈，就向周宗漢借了一百萬元。現在周宗漢要復員還鄉，自然要來收回這筆款子。章桂本來已經虧空一大筆資金，手

頭真的沒錢，但欠人家的，現在人家要離開重慶了，當然應該歸還。不得已，他想到了他僅有的蜈蚣嶺的房產，只有把它變賣了還債。一時間房子也不容易出手，他只好忍痛低價出售，結果以一百萬元成交，剛好夠還清欠款。他就打算第二天把錢給周宗漢送去。

這天晚上，岳父周潤波來，知道這個情況後說：「你怎麼這麼沒有頭腦！不是我要你不講信用，你一百萬元全部還掉，自己兩手空空，怎麼辦呢？」

說的也是啊，當時章桂已有家累，書店還有兩名職工，要繼續營業維持生計，一點經濟支撐也沒有確實不行。

周潤波說：「跟你朋友商量商量，看看能否先還他一部分？比如說先還個一半？」

章桂接受了岳父的建議，第二天捧了五十萬元到周宗漢家。他向周宗漢訴說了自己的困難，說：「宗漢，能不能先還你一半，餘下的一半我情況好轉後一定還你。」

周宗漢是個很好的朋友，他很爽快地答應了，說：「章桂，不是我逼你，我手裏也沒錢，要回鄉，沒辦法，只好朝你開口了。好吧，五十萬就五十萬；真叫老婆催著要回去，不然，不還也行，大家都是老朋友了。」

章桂很感動，心想，這才是人與人之間的真正情誼啊！

不久之後，上海光明書局要在廣州恢復分局，總經理讓周潤波去主持。這樣，岳父一家就離開了重慶，章桂夫妻在重慶連一個親人也沒有了。

「春風又綠江南岸，明月何時照我還？」冬天過去，春天又來，章桂在重慶苦苦地撐著，心情頹唐極了。

　　六十年後章桂檢討逃難這件事，思緒紛呈，感慨萬千。人的經歷總是一次性的，它無法重新選擇，也沒有「如果」或者「要是」。但是有一點，就是對既成的事實可以作儘量客觀的分析，對某些可能性作一些推測。就逃難這件事，從豐子愷這方面說，也許避難和抗日是一半對一半的。換句話說，豐子愷一方面是避難，一方面也是為了融入大後方文藝界抗日的洪流。事實上豐子愷就是這麼做的。從章桂這方面說呢，他主要是逃難，而且主要是幫豐子愷一家逃難。假如他不逃難，像他的父親、姐姐和妹妹以及許多鄉親那樣，他在老家也能和大家一樣熬過八年的難熬時光。但是他逃難了；逃難本身推動他加入了抗日的行列。他在柳州、桂林，特別是1942年後在重慶，經他手出版、發行了許多宣傳抗日的書刊和其他進步書刊，為抗日戰爭的勝利做出了自己的一份貢獻。可是，抗戰勝利了，包括豐子愷在內的大批文化人基本都復員返鄉了，章桂卻被迫留了下來。此後，一個接一個的風暴不斷向他襲來，命運之神為他昭示了一輪又一輪新的苦難。

【同期聲】

55頁〔按：初稿頁碼，現為145頁〕章桂哥說「豐子愷沒有一點點要捎上他一同回鄉的意思」，58頁〔按：初稿頁碼，現為152頁〕下半頁說章桂「期待著豐子愷來找他商量此事……但是沒有。」六十一年後章桂哥還對此事耿耿於懷，對張振剛先生說：「哪怕你有口無心跟我提一下也好……說明你還記得逃難出來時你對我父親的承諾。」對於這種指責，我覺得不攻自破。想當初，

我父親帶他出來時就算說過一定帶他回去的話，那時誰
能料到抗戰會長達八年。（父親因缺少盤川，又在重慶
待了一年，共九年）父親總以為一兩年甚至幾個月就能
回來，對一個當時還是少年的章桂的父親說這樣的話，
也是很自然的事。但到1946年我們回江南時，章桂哥已
經事業有成，還娶了妻子，成了家。我認為，那時他倒
是應該倒過來關心一下我父親，或者至少「有口無心
地」主動問問我父親勝利後打算怎麼樣也好，可是他從
不主動來問一下我們如何回江南的事。記得他曾帶他妻
子來沙坪小屋住過一夜，他妻子和我擠一張三尺床，共
被頭，半夜常來摸我的身體，我一夜沒睡好。他從沒關
心過我們因為買不到輪船票只得繞圈子歷經艱苦走隴海
鐵路又折回鄭州，夜宿街頭到了武漢才坐上長江輪船。
孩子小時要父母提攜，長大成人就不應該再指望父母
「帶」他了。章桂哥當時已有事業有家庭，我父親從未
說過嫌章桂哥不幫他回江南的話。要回江南，可以各顯
身手，不必別人「提攜」。我記得那時大人說過章桂哥
在打「沙哈」，來去很大，真怕他輸了錢。那時我父親
即使請他一起回江南，只怕他還不肯呢。不然他在勝利
長達一年之久，為什麼不主動來關心一下我們的行止
呢！確實，章桂哥後來受盡了磨難，我實在很同情他。
「文革」中，因受我父親牽連，有不少人受盡折磨，可
他們再見到我父親時，沒有一人怪他，而是把這歸罪於
「文革」。只有章桂哥把他在政治上受到的一切磨難
歸罪到我父親不「帶」他回江南這件事上。他顯然是

把矛頭指錯了方向。不過，他確實受了不少苦。我很
同情他。

——豐一吟批註

五

三聯書店是一家傾向進步的書店，抗日戰爭勝利後就逐漸為
國民黨所不容了。他們常常派特務去尋釁鬧事，製造麻煩。1948
年春天，國民黨終於下手了，有一天，他們逮捕了該店經理仲
秋元。

仲秋元是三聯書店重慶分店的經理，同時又是重慶出版社聯
誼會的總幹事。在仲秋元被捕之後，一方面同仁們商量救人，另
一方面「三聯」香港總店經理黃洛峰委託章桂，物色了一位姓魏
的年輕人來接替仲秋元的位子。與此同時，同業又推舉章桂擔任
重慶出版社聯誼會的新總幹事。後來，還是由章桂出面，將仲秋
元保釋了出來。

重慶出版社聯誼會每月有一次聚餐會。這是書店、出版社之
間聯絡感情，加強聯繫，互通情況的一種方式。也就在那時，章
桂認識了李濟生。

李濟生是著名作家巴金的五弟，當時他在巴金辦的文化生
活出版社搞發行。文化生活出版社在民國路一幢破破爛爛的大樓
裏。這幢樓是利用被炸毀樓房的斷垣殘壁改建成的，樓下是商鋪
和寫字間，樓上也有寫字間，但主要是職工宿舍和私人住家，很
雜。章桂跟李濟生熟了以後，有時也去民國路文化出版社看望李

濟生。記憶裏印象較深的一次，是那天巴金正好也在。李濟生就對章桂說：「今天三哥在，我媽也在，你就留下一起吃個飯吧。」章桂也就不客氣，留下和他們一家共進午餐了。

　　章桂的印象，巴金不大說話，鼻子好像有點毛病，大約是鼻膜炎吧，一邊吃飯，一邊不時發出「吭吭」的聲音。其實章桂此前已經見到過巴金，那是在一次旅途的車上，也是這樣不聲不響，鼻子裏發出「吭吭」的聲音。

　　章桂和李濟生的友誼一直保持到「文革」時期。「文革」初期，李濟生從上海寫信給他，信中說，三哥因為寫過一篇歌頌彭德懷的文章[註3]，正在寫檢查。也牽連到李濟生，他也在寫檢查。還說，寫不完的檢查，沒完沒了。

　　三聯書店遭受仲秋元被捕事件後，國民黨並不就此甘休，仍然時時來故意找碴。於是總店決定撤銷重慶分店，人員疏散回香港。為此，須得「頂」（轉讓）掉民生路73號的「三聯」店面，資產估價為五千萬。他們找到章桂，請他幫忙尋找買主。章桂就出面找到開明書店經理賞祥林。起初賞祥林答應「頂」進，事後又變卦了，據說是因為「三聯」牌子太紅，怕「頂」進之後招來麻煩。

　　過不多久，有一家名叫「四寶齋」的文具店願意吃進，但只肯出到三千萬。價格太過懸殊了，當然無法成交。

　　在這種情形下，走投無路的「三聯」總經理黃洛峰再次找到章桂，請求章桂無論如何幫這個忙，吃進店面。章桂是個血性漢子，幾年來，仗義執言，樂於助人，在書店、出版業有口皆碑。

註3：當是指〈我們會見了彭德懷司令員〉一文。

現在「三聯」確是遇到困難，他又礙於面子，就咬咬牙接受了下來。

但章桂沒那麼多資金，五千萬可算得一筆鉅款了啊，上哪兒弄那麼多錢去？

好在他結識面廣，朋友多；他仗義，朋友也「樂開」。他找到了他的一個朋友郭紹儀。郭紹儀也在民生路上開了一家新生命書局，但以賣文具為主。當時四川有一個很大的幫會組織，叫「袍哥」。「袍哥」在文化界有個下屬性質的組織叫「會文社」，「會文社」的成員大多是開書店的。章桂和郭紹儀都是「會文社」的社員，而且關係一直很好。郭紹儀生意做得不錯，除了書店，好像還有別的營生，因此經濟實力很強。章桂想來想去只有向他開口，一開口，他二話沒說就答應了。這筆借款，以後逐年歸還，幾年後也就還清了。

六

「頂」下三聯書店後，章桂便把萬光書局從冉家巷8號遷到民生路73號三聯書店原址。遷過去以後，果然不出賞祥林的擔心，國民黨又纏上萬光書局了。

國民黨見三聯書店不聲不響搬走，很是惱火。其實他們來找「三聯」麻煩，目的不是要把它趕走，而是要纏住它，進而挖出背後的共產黨組織。現在「三聯」突然失蹤，他們就懷疑上了章桂，猜測他會不會是共產黨？他們對於「三聯」的撤離，在報上發表攻擊性的評論，還悻悻然聲稱，被章桂「捷足先登」了。

章桂一家三口

　　從此，國民黨特務又盯上了萬光書局，三天兩頭藉口檢查，把許多書刊抄去，甚至連周谷城的《中國通史》等學術方面的圖書也不放過。章桂始終認為，重慶社會排外情緒一向很濃厚，這時就有人放出空氣說，「什麼萬光書局，就是三聯書店！」

　　國民黨特務常來無理取鬧，章桂非常憤怒。他年輕氣盛，有時實在忍無可忍，竟至於跟他們動起粗來。這麼鬧騰過幾次，特務們其實也清楚了，萬光書局根本就不是三聯書店，但他們彷彿上了癮一樣，還是隔三差五來搗亂，意思再明白不過，這叫「拉不出屎嫌坑臭」，他們把「三聯」撤走這口惡氣，撒到「萬光」身上了。

　　章桂說，國民黨特務是不上路的下三濫，就好比糞缸裏的麻皮，又臭又韌。跟他們既無理可講，又無法擺脫。在萬般無奈之下，章桂試著尋求法律途徑。當時在重慶有個有名的律師叫周寒梅，周律師也喜歡麻將，是中華書局麻將桌上的常客，章桂也常去打麻將，因此認識這位律師。一次，章桂有意說起特務來尋釁找碴的事情，周律師就說：「讓我幫你想個法子。」說著，他要章桂替他打一圈，他去找來幾張萬年紅紙，拼接成一條大豎幅，在上面寫上：

周寒梅律師受聘為萬光書局常年法律顧問。

章桂就將這豎幅掛在書店門面上，從樓上一直掛到下面，非常醒目。這一招似乎很靈驗，從此特務就不再上門了。

國民黨特務表面上是不來搗亂了，其實他們並不就此甘休。正像俗話說的，不怕被賊偷，就怕被賊惦記。章桂是讓他們惦記上了。就在這年的秋天，一天中午，章桂在吉陽邨的家裏與朋友吃酒，樓下廚房裏傳來嗞嗞啦啦炒菜的聲音。

章桂自從1946年賣掉蜈蚣嶺的房產後，一直是賃屋居住，而且由於各種原因搬遷相當頻繁。最為荒唐的一次，是從民生路百子巷搬到中山四路時，竟忘了大女兒明慧在學校讀書。結果明慧放學回家，發現家突然消失了，急得直哭。後來經鄰居的指點，她尋到半夜才找到新家。

吉陽邨也在民生路，離萬光書局不遠。那天章桂正和朋友吃酒，忽聽樓下有人在喊「章經理」，章桂推開窗去看，那人說：「章經理，你們店裏出事了。有顧客和你們店員吵起來了，都等著你去處理呢！」

章桂聽了也不多想，就讓了朋友，自己披了件外套匆匆下樓去。走出家門，剛到吉陽路口，就見路旁閃出兩個大漢，他們一邊一個挾住了章桂的兩個臂膀。章桂知道，他遭暗算了。

特務挾持章桂一路無話，一直走到中華路、青年路交道口，這時一個站崗的警察眼鈍，沒軋出「苗頭」，他笑著跟章桂打招呼，說：「章經理，上哪兒啊？」

一個特務上去就給他一個嘴巴，說：「少管閒事！」

就這樣，特務押著章桂到了老街2號，西南軍政長官公署二處。那是臭名昭著的軍統特務機關（處長即是毛人鳳）的後門。章桂心裏一涼，知道自己凶多吉少了。

牢房是一間木板房，門是木柵欄門。提審是在一間辦公室，陰森森的終年見不到陽光。他們給章桂的罪名是：從上海偷運來赤色共產黨的圖書，窩藏在倉庫裏。章桂當然不承認，並坦言可以去倉庫檢查。但是特務們不讓申辯，也不去倉庫搜查；他們用刑。先是揍，揍嘴巴，然後上老虎凳。

章桂平生唯一一次坐老虎凳。他說那真是殘酷，墊到兩塊磚時，眼珠向上翻去，人就暈過去了。於是一盆涼水潑過來，這才慢慢蘇醒。蘇醒之後繼續審訊。章桂說，他當然不能無中生有，隨便亂招，於是皮鞭、拳腳就像雨點一樣落到臉上、身上。

關押期間，曾有學生模樣的一個人也被關進來。那人一進來就公開大罵國民黨；他對章桂說，自己是進步學生，是在碼頭上被抓的。不久又有一個工人模樣的人被關進來，說是因賭博被捕的，也大罵二處。章桂心裏明白，這兩人很可能是誘餌。他不跟他們搭腔。他不上這個當。

關在裏面的那些日子，章桂心裏萬分焦急。一是擔心自己，最終不知會有什麼結果？二是擔心家裏，他的突然失蹤，妻子、女兒不曉得急成什麼樣子？三是擔心書店，他不在，還在繼續營業麼？但是擔心歸擔心，人在裏面，乾著急，一點辦法也沒有。

真是度日如年啊！好容易兩個月後，有一天，一個熟人的身影忽然出現在牢房外。這不啻是絕處逢生，讓章桂怎樣的驚喜呀！想想簡直是不可能的事情。

　　那是一個女子，是大眾書局的職員，名叫周廼妤。後來才知道，周廼妤當時正和西南軍政長官公署的一位幹部戀愛。西南軍政長官公署是在這座大院的前院，那天不知為什麼，周廼妤和她的戀人從後門出來，正好路過牢房。也算是天賜的良機吧，這牢房又是木柵欄門，章桂一眼就看到周廼妤了。

　　章桂當然不肯放過這千載難逢的機會，他叫住了周廼妤，說：「周小姐！周小姐！」

　　周廼妤小姐想不到這種地方會有人認識自己，冷不防倒嚇了一跳。一看，認得是萬光書局的經理，就驚訝地說：「章經理，你怎麼會在這裏？」

　　隔著木柵欄門，章桂把前因後果簡略地告訴了周廼妤小姐。周小姐說：「章經理你放心，我們會想辦法通知你家裏的。」

　　後來才知道，章桂被捕後，妻子鳳珍急得什麼似的，又沒有什麼人可以商量，唯有天天到各處去尋找，精神差一點崩潰了。幸虧周廼妤小姐上門去報告消息，她這才不再去瞎撞了。

　　周廼妤真是個富有同情心的女子，她以後又特地來牢房幾次，要章桂放心，說她正在設法保他出去。不久，這件事捅到了媒體上，香港、廣州的報紙相繼披露了章桂被國民黨特務無辜祕密逮捕的消息。這大概都是周廼妤小姐所做的工作吧。最終，國民黨迫於壓力，同意章桂找人保釋。

　　保人當然須有一定的社會地位。章桂首先想到的是重慶開明書店經理賞祥林，因為他自認為與賞的交情不淺。但是萬萬沒有料到，這個賞祥林竟然不肯出面擔保。後來章桂才知道，賞祥林其時已加入了「中統」。這就不得不讓章桂產生懷疑，他的這次

被捕會不會與賞有關？但當時賞祥林不肯作保，只是讓章桂感到有些意外，也有些寒心。

賞祥林不肯作保，章桂就想到了陪都書店經理馮珊如。那一天，章桂和妻子鳳珍一同去懇求馮經理。取保的經過是這樣的：特務押著章桂，妻子鳳珍跟著，來到民生路陪都書店。經章桂一請求，馮珊如經理立刻很爽快地答應了，並在保釋單上簽了字。

手續完了之後，特務走了，章桂再次感謝馮經理。妻子鳳珍忍不住，就告訴馮經理賞祥林不肯作保的事。馮經理聽了也很氣憤，把無情無義的賞祥林罵了一通。

就這樣，章桂在被關押兩個多月以後，終於回到了家裏。才兩歲的女兒見到爸爸，「哇」的一聲哭了。

逃難・第捌站・重慶之三

物難會終解，病幻應與藥。

——馬一浮避寇述懷詩

一

1949年11月30日，重慶解放。吃過國民黨官司、嚐過國民黨特務機關老虎凳滋味的章桂，滿腔熱情地迎接了新時代的來臨。他那時既是萬光書局的經理，同時又受同業推舉，兼任重慶聯合圖書出版社理事會主席。當時，章桂認為他生命中一個新的時期開始了。

圖左：萬光書局入股聯合書店股份有限公司的股份收據
圖中：章桂出席全國首屆出版會議的代表證
圖右：章桂上天安門城樓觀禮的觀禮證

　　解放後，萬光書局一直緊跟共產黨，配合形勢出版過有關土
地改革、抗美援朝方面的圖書和宣傳資料，其中包括趙樹理的小
說《小二黑結婚》等文學作品。

　　由於章桂的努力工作，成績顯著，西南軍區文化部和川東
軍區文化部都非常支持他。他也常去軍區組稿，軍區就派吉普
車接送。

　　1950年的秋天，西南軍政委員會新聞出版處處長黃侃同志找
他談話，希望他領頭搞一個行業組織，把重慶幾十個出版社聯合
起來。不久，重慶聯合圖書出版社成立了。聯合圖書出版社設有
理事會；理事會也有個實體，叫聯合書店股份有限公司。聯合書
店股份有限公司主要由四家書局組成：萬有書局、新中國書局、
新聯書局和萬光書局。公司經理張鴻英，會計夏建初。當時萬
光書局的股份評估為三千一百萬元[註1]，由公司出具股份收據。此
「收據」經過幾十年的磨難，居然安然無恙地給留存下來了。

　　這年的9月底，新中國首屆出版工作會議在首都北京召開，章
桂以重慶聯合圖書出版社理事會主席的身份出席了這次盛會。十
月一日是第二個國慶日，全體代表被邀請上天安門城樓參加國慶
觀禮。那一份光榮感，章桂說無法用言語形容。這份榮耀不僅體
現在觀禮臺上，就是走在街上也能感受到；胸前佩著紅綢的代表
證，路人都會以仰慕的目光望著你。

　　會議期間，章桂還見到了許多熟人、朋友，他們中有韓挺
英、張靜廬、黃之潤、胡愈之，還有葉聖陶。葉聖陶先生解放後
出任出版總署副署長。

註1：為舊人民幣，折合現幣三千一百元。

　　直到現在，章桂還保存著1950年第一次全國出版工作會議的代表證和觀禮證，保存著已經發黃的全體代表的巨幅合影，當然也保存著一份早已變質的昔日榮耀。

二

　　為什麼說那份榮耀變質了呢？因為緊接著造化又一次播弄了他，他的命運急轉直下，又一輪的苦難不久之後拉開了帷幕。

　　1951年12月1日，中共中央發佈《關於實行精兵簡政、增產節約，反對貪污、反對浪費和反對官僚主義的決定》，一場聲勢浩大的「三反」運動開始了。1952年1月中央又提出「反對行賄、反對偷稅漏稅、反對盜騙國家財產、反對偷工減料和反對盜竊經濟情報」即「五反」運動的指示。兩個運動合起來，歷史上就叫做「三五反」運動。延至1954年四、五月間，重慶文化出版發行系統的「三五反」運動全面鋪開。其來勢之猛，也只有用「暴風驟雨」四字方能形容。

　　運動展開以後，西南大行政區忽然挖出了一個以章桂為首的大盜竊集團。據說這個集團盜竊了兩百億元[註2]的財物。這是包括章桂自己在內的許許多多人都不曾料到的。

　　五十四年以後再來看待這件事，就一點也不感到奇怪了。因為幾十年來的「階級鬥爭」，我們見識了多少羅織罪名、捏造事實的事情啊！可是在當時，章桂卻一下子被擊懵了，也擊垮了。

註2：為舊人民幣，折合現幣兩百萬元。

他一生從未經歷有如此不顧事實，污人清白，而且不容分辯的事情，一時不知怎麼辦好了。

在萬人大會上，他被押到臺上接受批鬥，幾個店員假扮工人上臺「揭發」，說章桂盜竊的大量圖書就窩藏在朝天門倉庫裏。以章桂的性格當然不予承認，但不承認是沒有用的，不承認就是負隅頑抗。「負隅頑抗」，現在早已成為陳詞濫調，可在當時卻是一把新鮮出爐的「匕首」，鋒利無比，殺傷力是很強的。負隅頑抗，緊接著一句就是「死路一條」，章桂當場就被鋥亮的手銬銬走了。

章桂的被誣陷，一方面是形勢的需要，形勢需要有一隻替罪羊來祭刀。但是，這只替罪羊為什麼不是別人，而是章桂呢？幾十年後重新審視這件事，應當說，另一方面，也有章桂自身的因素。就像章桂一再感覺到的，重慶地方一貫有排外的傾向，外地人的章桂事業這麼成功，難免會引起嫉妒。再說，章桂這人做事風風火火，肯定也會得罪一些人。同時，擇人不善更是問題。

1952年，萬光書局招進了兩名青年職工，一名叫楊銀輝，另一名叫李賢貴。李賢貴是個不太正派的人，他工作不好，有時受到章桂的批評，表面上接受，內心卻產生了怨恨。這個，章桂心裏是清楚的，但他沒能及時化解。重慶一地，書店、出版社的經理們有個經常聚會打麻將的老傳統。這其實也是聯絡感情，互通情況的一種方式。章桂一般上午在店裏上班，下午有時去中華書局打麻將，妻子鳳珍這時就來坐鎮收銀臺。

一天下午，章桂不在，李賢貴就對鳳珍說：「師母，你請我們看電影吧。」

鳳珍畢竟年輕，才二十三歲，心一軟，真就拿了錢和李賢貴、楊銀輝看電影去了。

「三五反」運動一來，這個李賢貴就倒打一耙，揭發章桂唆使妻子拉攏腐蝕青年工人。竟然造謠說鳳珍與他倆有不正當的關係，氣得鳳珍差一點尋死。

過來人都有這樣的經驗：當一個政治運動像弦上之箭蓄勢待發，眼看暴風雨就要來臨的時候，只要有誰挑頭把矛頭引向某個人，那麼這某個人多半就會成為運動的對象。因為人人都害怕運動搞到自己頭上，所以一旦有了目標，大家就趕緊齊心協力幫他當上這個替罪羊。更何況還有一批欲通過「運動」出人頭地撈取政治資本的「積極分子」呢？於是就「牆倒眾人推」，再清白再無辜再高大的「牆」也就轟然倒塌了。現在已無法弄清，是李賢貴的揭發引來了這場大禍，還是禍事開頭，李賢貴落井下石。想想其實挺簡單麼，既然你們說我在朝天門倉庫窩藏大量盜竊來的財物，查一查不就清楚了？可就是不查，也不聽分辯，分明是揣著明白裝糊塗，生銬活釘，硬是把人帶走了。

不過也並非所有的人都昧著良心說瞎話的。進駐出版發行系統的西南軍區工作組，有個軍代表丁雲奇就曾提出過質疑。他說：「兩百個億的財物該有多少啊？章桂等幾個人盜竊得了麼？」但是比起運動的聲勢，這樣的聲音太微弱了。何況幾家被牽連到的印刷廠廠長，吃不住高壓，為了保全自己，盡快過關，紛紛違心地承認，「坦白從寬」了。

工作組見無法控制局面，又不願參與制造錯案，就撤走了。

丁雲奇同志是個讓章桂感念一輩子的共產黨幹部。他臨走不避嫌疑找到章桂，對他說：「章桂同志，我以組織的身份認為，

這是一起錯案，但我現在無法扭轉局面。章桂同志，你要堅持實
事求是，不要屈從，因為這還關係到西南大軍區出版、發行系統
兩百多人的命運。」

章桂相信了丁雲奇同志，並按丁軍代表的指示做了；他始終
堅持實事求是，不承認有盜竊集團。為此，他被抗拒從嚴，正式
逮捕入獄了。任何時代，監獄總是個沒天日的地方，牢房內是先
進「山門」為大，坐的、睡的位置先來的都占好的，後來的就
只好睡在尿桶邊。這些章桂也只能忍受了。關了好幾個月後，
有一天法警來叫章桂，說：「放你出去了。立刻收拾東西馬上
走。」

這讓章桂覺得有點突然，也有點意外：怎麼，就這麼放了？

但釋放成為現實，這無論如何是讓章桂感到高興的。他自由
了，他可以與妻兒團聚了。他想，他聽丁軍代表的話是聽對了。

可是「馬上走」，不是直接從監獄回到家裏，而是先被帶到
人民法庭。法官對章桂一本正經地宣讀「判決」：

　　查該犯盜竊事實查無實據，予以釋放。

面對這樣的判決，章桂哭又不是，笑又不是。他走出人民法
庭大門時，不由得回過頭去向裏面望了一望。

回到離開市區很遠的棗子嵐埡北面的紅球壩家裏，妻子一見
章桂就哭了。這一年章桂已有三個兒女；兒女們見到爸爸非常開
心，都笑著拍手說：「爸爸回來了！」

三

　　章桂雖然在監獄裏只待了短短幾個月時間，但世事就在這幾個月裏發生了根本性的變化。聯合圖書出版社理事會解體了，聯合書店股份有限公司也不存在了，原來的經理、職工均已成為國營新華書店的員工；章桂被自然淘汰，他失業了。

　　失業之後的章桂一時找不到工作。好在家裏尚存有一部分圖書，他就擺地攤賣書，勉強維持一家人的生活。書賣得差不多了，工作的影子還沒見著，他只好把家裏的衣物陸續拿出去換米，最後連手錶也摘下來賣掉了。截止1953年年底，章桂已家徒四壁，一貧如洗了。

　　失業期間，重慶「工商聯」的人找到章桂。從前章桂當書店經理時，跟「工商聯」的關係是比較密切的。你不要以為「工商聯」雪中送炭，為章桂安排工作來了。不是的。他們是來讓章桂幫忙的。解放初工作難找，義務勞動卻非常盛行，打著為人民服務的旗號，使人不好拒絕。「工商聯」找章桂是找義工，他們人手不夠，要他幫他們一起下基層工會輔導、宣傳、演講，目的是催交愛國公債，支援國家建設。說義工，的確完完全全盡義務，沒有一分錢的報酬。

　　章桂的妻子鳳珍也被「婦聯」動員去做義工，宣傳節約糧食。奇怪的是鳳珍非常積極，還以身作則自己餓肚子，主動省下定糧繳公。

　　章桂也很積極。章桂的積極多少有點辛酸，因為在別人眼裏，怎麼說他也是個進過「局子」的人，但是工商聯還來找他，這說明人家在政治上對他還是認可的啊。

　　章桂在「工商聯」幫忙，就是俗話說的「自吃飯，白磕頭」。但自吃飯有時他也沒得吃；在「工商聯」忙了半天，中午回家，一摸鍋灶，毫無熱氣，就只好挨餓。有時候他預先知道家中揭不開鍋了，索性待在「工商聯」不回家。別人都回家或者去食堂吃飯了，臨走說：「章桂，該吃午飯了。」章桂就說：「等一等，等一等就走。」人走光以後，他就在辦公室喝白開水。

　　後來這個情況叫總務處處長李志卿發現了，他說：「這怎麼可以？」於是當眾宣佈：「從明天起，章桂的午餐由『工商聯』提供。」

　　章桂苦笑了一下，告訴我，他的命運實在是不濟：萬萬沒有料到的是，這位好心腸的總務處長當天夜裏心肌梗塞去世了。他的承諾落了空，第二天章桂仍一如既往地餓肚。

　　這樣忍饑挨餓的日子，一直持續到1956年的某個月份（哪月？章桂記不清了），有一天，全國新華書店經理會議在北京召開。會議期間有人問起，重慶的章桂怎麼不見？就有瞭解的人把章桂的情況說了。這就引起了有關部門的注意。經他們深入瞭解情況後，認為這樣對待曾經對革命有過貢獻的同志有失公允，於是責成重慶方面要給章桂一個妥善的安置。

　　公事下達到重慶有關部門，有關部門認為章桂的工作該由行業工會安排，就把「球」一腳踢到行業工會。行業工會則認為，章桂是個資本家，要安排工作，首先得對自己有所認識。所謂「認識」，就是要服軟，要去說軟話求懇。以章桂的個性，要他

低三下四，他寧可趴在長凳上挨餓。他沒去。事實上，當時資本家失業的很多，要安排還真安排不過來。放過這個機會，章桂實在有點不識抬舉。

但是，章桂畢竟在重慶文化出版界有一定的知名度，不久，未安排工作這一情況又叫上面知道了。這回是上督下，他才被安排到公私合營的新渝書店中一門市部當了主任。這樣，一家七口（這時已有五個孩子）總算有了衣食來源，生活從此安定下來了。

四

平靜的日子過了差不多兩年，厄運再次降臨到章桂頭上。

有個老「運動員」曾經自嘲地說過這樣的話：「『一朝被蛇咬，十年怕井繩』，這話十分的不準確。事實是，『一朝被蛇咬，十年蛇惦記』，因為你身上的氣味，蛇本能地記住了。當又一輪運動到來的時候，極有可能『一客不煩二主』，再度將你瞄上。」這話不無道理，不然，就不會有老「運動員」這一說了。

1958年春天，章桂終於再次被惦記上，一頂「右派」帽子順順當當地戴到了頭上。九十歲的章桂至今一臉茫然，他說：「我只不過和大家一樣，隨分從時參加運動，既未寫大字報，也不發表什麼言論啊。」可就是奇怪，等到某一天宣佈本系統右派分子名單時，章桂竟然「榜上有名」！

這樣的錯案，其實歷史早已揭迷。但是九十歲的章桂仍然想不明白：第二回了！有這麼硬裝斧頭柄，平空污人清白的麼？

　　既是右派，就不能在原單位上班了，章桂被發配到離重慶約有三百華里一個名叫南桐礦區的地方當農民。妻子鳳珍不放心章桂，要求全家同去，但是上面不批准。上面掌握政策，要把右派分子和他的家屬嚴格區分開來。

　　在南桐礦區做農民章桂不怕，他說他本來就是農民麼，只是惦記家裏。他不能想像他走之後，妻子一人帶了六個孩子（這時已經有六個兒女了）日子怎麼過？

　　果然，在南桐礦區待了五個月後，有一天章桂收到了大女兒明慧的來信。十二歲的女兒信已經寫得很像樣子了。她告訴父親家境是如何的窘迫，說常常吃不飽肚子，常常挨餓。說娘像瘋了一樣，也不做飯，每天出去排隊買麵包。說家裏沒錢，像樣一點的衣物差不多都賣掉了。說自己在學校裏遭人歧視，遭人欺侮。說娘常常摟著他們哭上半夜……

　　信上稚嫩的字跡，每一句都像利箭，刺在章桂的心上，他的心汩汩流血了。他晚上整夜整夜睡不著覺，思來想去，最後作出一個大膽的決定：離開南桐礦區，離開重慶，回浙江老家去！

　　1958年這個年份，正是「三面紅旗」高高飄揚的時候。報上宣傳人民公社是「一大二公」，有報導說浙江農村幾年內將大步邁入共產主義，還說所有的鄉村辦起了公共食堂，已經實行吃飯不要錢了。章桂就想：既是吃飯不要錢，肚子問題就解決了，生活就有了基本保證，其餘再苦再累也無所謂了。

　　九十歲的章桂說起當年的想法，對我說：「那時只有一個樸素的念頭，做農民有什麼，自己本來就是農民。『日出而作，日入而息，鑿井而飲，耕田而食，帝力於我何有哉！』」

就是這麼一個樸素的念頭，右派分子章桂決定帶領全家八口回浙江老家去。人一旦放棄一切，就什麼問題都不存在了。他用不著再去看別人臉色，在某一天早上不告而別，就擅自離開了南桐礦區，回到了重慶百子巷的家裏。

百子巷和紅球壩一樣，也是當時重慶市的貧民區，住家基本都是窮人。章桂租住的是一幢老房子的二樓，只一個房間，大小八口吃喝拉撒擠在一處。在已有去心的章桂看來，這房間是一天也待不下去了。

章桂賣掉了家裏大部分的衣物、傢俱，又去搞來一根又粗又硬的毛竹扁擔。家裏東西已經很少了，可是破家尚有三車垃圾啊，這一樣捨不得，那一樣也捨不得，要帶走的東西還是裝滿了兩隻大板箱，四隻大皮箱，四隻小皮箱和幾個包袱。剩下一張舊皮椅，帶不走，也不想賣，他覺得該送給朋友，留個紀念。那天，他背了這張皮椅跑了不少路，來到新華書店宿舍樓，叩響了莊子良家的門。

來應門的是汪清。自從莊子良去世之後，汪清就一個人帶著孩子艱難地生活，沒有再婚。好在她已是書店職工，生活有了基本保障。章桂把自己要回老家的事告訴了汪清，並把椅子交給她，說：「椅子雖舊，還可以坐的。」

汪清就哭了。這個非常非常善良柔弱的女子，他記著當年章桂給與她一家的幫助，說：「章先生，你看，我也幫不上你一點點忙。我……」

章桂安慰了他幾句，不忍久留，就告辭了。

豐子愷 和 逃難 這兩個漢字
章桂

逃難・第玖站・石門

定亂由人興，森然具沖漠。

——馬一浮避寇述懷詩

一

離開重慶那天，是秋日裏一個晴好的日子，就是所謂的秋高氣爽。章桂挑著行李，妻子牽著兒女，依依地離開百子巷那幢破舊的老房子。鄰居們紛紛跑來送行，一些大媽、媳婦還抱著鳳珍痛哭失聲。

章桂原本希望在1946年就能復員還鄉的，想不到延宕十二年以後，在頭上多了一頂帽子、生存遭逢絕境的情況下，才挈妻攜子踏上歸鄉之途，那一種頹唐，那一種悽惶，不是語言所能表達於萬一的！

但是，終於可以回到睽隔二十一年魂牽夢縈的故鄉了，儘管淒涼酸楚，卻多多少少有一絲擺脫的輕鬆，就像陰霾的天空漏出的一縷陽光。

生活了十七個年頭的重慶，在章桂眼裏突然變的陌生和荒涼起來。街上依然人來人往熙熙攘攘，但章桂一家已不屬於這座城

市了。1958年的重慶，生活資料已相當匱乏，商店雖然還堅持日夜營業，但人們已很難買到必需的生活用品；菜場裏供應魚、肉的鋪子前排起了長龍，但許多人排了半天隊，卻買不到一條魚，一片肉。

章桂一行像難民一樣穿行在重慶的大街小巷，向朝天門碼頭走去。章桂肩上的毛竹扁擔又粗又硬，還特別的長，八個大小箱子就這麼一肩挑著輕輕發出「嘎吱嘎吱」的響聲。妻子鳳珍背了個布袱大包，大點的孩子背著小的包裹，默默地跟在後面。就這麼一家大小八口，一路走走停停，終於來到朝天門碼頭。

朝天門碼頭是重慶最著名的一個碼頭了，它處在嘉陵江注入長江的交彙口，氣勢很是雄偉。章桂一家歇下行李，坐在江邊候船。這時，章桂瞇起眼睛，望著腳下滔滔的江水，想起幾年前他書店的倉庫就在此地附近，不免有了隔世之感。

正自傷感，忽聽背後傳來一個女人呼喚他的聲音。起初他還以為自己聽錯了，這種時候還會有誰來搭理呢？可是沒錯，是呼喚他的，而且那聲音越來越近。章桂回過頭去一看，就看到了一個非常美麗的女人。章桂當然一下就認出了，她是以前書店的一個朋友，名叫方克敏。方克敏是餘杭臨平人，臨平和崇德是鄰縣，在重慶也算是半個同鄉了。方克敏待人一向誠懇，他們之間關係一直很好。

方克敏說她是剛剛得到的消息，所以立刻追到碼頭來了。她說：「章桂，不要回去吧。你聽報上吹的，那都是假話。我知道的，其實農村很苦。」又說：「你也不想想，天下會有吃飯不要錢這樣的好事麼？」

章桂苦笑笑說：「也許你說的對。可是我已經沒有退路了，我把家裏所有東西全賣掉了。」

方克敏說：「你拖了一大家子人到鄉下，怎麼過日子啊？我知道，現在農村是憑工分吃飯的，你家缺少勞動力，你自己又那麼多年不做體力了，你能行？」

章桂說：「克敏，謝謝你的好意。可我還是選擇回去，那裏再苦終究是家鄉。我在重慶實在是待不下去了。」

方克敏見勸不轉章桂，知道他去意已決，就不再勉強，反過來說了許多安慰的話。她還告訴章桂，她的孩子與明慧在一個學校上學，她就叮囑孩子要和明慧好，要幫助明慧，不要去刺激明慧。

章桂很感激方克敏。就因為這個美貌的女人，許多年後，章桂回憶離去的那一刻，多少存有了些許溫馨的亮色。

<h2 style="text-align:center">二</h2>

從朝天門碼頭上船，下行到漢口，大約要兩三天時間。章桂一家坐的是便宜的三等艙。為節省開支，在船上吃飯，他們只買飯，不買菜；菜是自備的辣醬罐頭。孩子們穿得還算體面；男孩穿當時頗為流行的海軍衫，很招人喜歡。章桂認為，孩子出門不能太過寒酸，這樣要被人瞧不起的。幾個小的孩子不懂大人的心思，沉浸在初出遠門的喜悅中，蹦蹦跳跳地到各處艙房去玩。幾次開飯後，有的旅客見他們困難，就主動買菜來給孩子們改善伙食。

豐子愷 和 逃難 這兩個漢字
章 桂

　　船到漢口，已是第三天的中午。章桂把一家人安頓在江漢碼頭的一張長椅上，自己跑去買下一站上海的船票。排隊買票的時候，章桂不由得想起1938年夏天，自己為了追隨豐子愷，也是在這個碼頭買了張黃牛票，隻身去桂林的往事，不禁感慨萬千。那時他年方二十，儘管千里迢迢協助豐子愷一家逃難來此，總還是個「不識愁滋味」的翩翩少年；整整二十年過去了，他歷盡磨難，拖了妻兒八口又來到此地，卻已有了淒淒惶惶「欲說還休」的中年況味，也正值「天涼好個秋」的季節！

　　望著一去不返的滔滔濁水，章桂心情開始平靜下來。他想，漢口現在只是他此行的一個中轉站，純粹的中轉而已。

　　他買好船票，先留下大女兒看護行李，將高度近視的妻子和其餘五個孩子帶到指定的上船碼頭，然後返回來搬取行李。

　　從漢口到上海大約又是兩三天時間。船到十六鋪，天色已經不早。一則回鄉心切，二則心疼花錢住旅館，章桂就叫了一輛黃魚車，大大小小的行李差不多裝滿一車，人就跟著黃魚車步行，從十六鋪一路走到火車北站。

　　章桂一家跟著黃魚車，走在上海繁華的馬路上。裝滿高高行李的黃魚車一顛一顛，顫顫巍巍，走得很慢。章桂一家跟著車走著，一邊不時地東張西望。「迪格」、「哪能」、「儂」、「伊」，離開重慶後，第一次進入吳方言區，鳳珍和孩子們感到又陌生又新奇；章桂則覺得分外的親切——家鄉近在咫尺了。

　　當然章桂也感覺到了落魄的淒涼。這淒涼令他忽然想起，1948年他曾回過一趟上海。那是在他盤下三聯書店後，到上海來進書。對了，也許就是這一趟進書，讓國民黨抓住了把柄，說他從上海偷運來赤色圖書，將他投進了監獄。

那趟來上海，當然和今天不可同日而語，儘管經濟也不寬裕，卻是坐飛機來的。他記得很清楚，他是在重慶珊瑚壩機場上的飛機。珊瑚壩是長江中的一個小島；機場設在小島上，這讓章桂感到非常稀奇。

那趟航班是去南京的，到南京已經很晚，是南京中華書局的王子剛經理請章桂吃的晚飯。吃過晚飯，他坐夜火車去上海，到上海剛好天亮。

他在上海從開明、北新等書店採購了一批圖書。上海的一些朋友非常好客，一定要留章桂盤桓幾天，於是辦好托運之後，他就在陸夢生家住了下來。

幾天裏無非朋友們作東，今天這家請吃，明天那家請喝。北新書局的徐氏兄弟還勻出工夫，陪章桂各處走走。

離開上海回重慶，他抓住機會回了一趟老家。章桂記得，他還特地去了唐家浜外婆家。那時外公已經去世，外婆生活非常困難，連床鋪也沒有，睡在稻草堆裏。章桂見外婆生活得這麼糟糕，暗自流下了眼淚。儘管身上帶的錢已經不多，但他還是為外婆剪布做了幾套衣服，置了一床被褥，以致他到杭州時已是阮郎羞澀，回不了重慶。幸虧開明總經理范洗人有言在先，說：章桂要錢你們只管給他，開個支票，讓他簽個字就行。章桂就找到杭州「開明」，借了一筆錢回到了重慶。

想起往事，章桂不由長長地歎了一口氣。

一行人到達北站，早已是夜色蒼茫，路燈也一盞一盞亮起來了。車站裏有些雜亂，昏暗的燈影裏只見人頭攢動。他們很容易就找到一張靠邊的長椅，一家人安頓下來後，章桂就去買車票。買到車票，等於到了家門口一樣，心情輕鬆不少，章桂又出去買

些麵包來解決晚餐問題。吃飽之後，長椅權作床鋪，一家人就半倚半躺胡亂睡了。章桂夠累的了，卻不敢睡死，他得睜一隻眼照看那些行李，雖然那些行李也不值什麼。

第二天早上拖兒帶女地上車。這趟車旅客不多，他們很快就找到了自己的座位。他們坐的當然是「普客」，每個站都停，好在不急，孩子們很有興趣地趴在車窗邊看風景。火車一路走走停停，直到下午二時許才到達長安鎮。

長安離石門灣只有二十多里水路，到了長安就如同到家了一般；近鄉情更怯，章桂的心裏不免有些複雜。他們趕上了末班輪船，因此，一個多小時後，這一家人已經走在石門灣古老的石板街上了。

小鎮市頭短，才三、四點鐘光景，街上已經行人稀少，一些店鋪在等待打烊了。

回到石門灣其實不能算到家，還得尋一條便船去曹家橋。但此時早已落市，鄉村裏來出市的農船都已回去了。不得已，章桂一家只好在石門鎮上再耽擱一夜了。上哪兒過夜呢？章桂想來想去只好去打擾蓉賡家了。

豐蓉賡即豐桂，她是豐嘉麟先生的女兒。章桂在豐同裕這幾年，與蓉賡一家很熟。蓉賡的母親，章桂叫她三嬸媽；三嬸媽一向對章桂很好。落魄還鄉的章桂也顧不上臉面不臉面，只好硬起頭皮上蓉賡家借宿一晚了。

石門灣已非舊時模樣，從前的許多樓房老屋不見了，代替它們的是一些簡陋的平房甚至草房。後河木場橋邊的豐同裕舊宅和緣緣堂已不知去向，呈現在眼前的是一片斷磚殘瓦的廢墟。打聽了附近的居民才知道，蓉賡家已遷居馬家橋了。

　　蓉賡一家熱情地接待了章桂一家；三嬸媽準備了一桌算不上豐盛，但十分充足可口的晚餐。這哪裏是一頓晚餐，分明是一席充滿人情美味的盛宴啊！章桂眼裏閃著淚花，他的心裏溢滿了感動和感激。

　　第二天早上，章桂到北河口去尋覓便船。幾十年在外，一旦回來，家鄉所有的習慣、氣味一下子在章桂身上復活了，就好像他根本沒有離開過似的。章桂知道，八泉、五涇一帶來石門灣的農船，一般都停在北河口。他想，要是湊巧碰上曹家橋的船就好了；如果沒有，廟頭村和陸家埭的也行。但是沒有那麼巧，事實是既沒有曹家橋的，也沒有廟頭村和陸家埭的。船倒是有一條，是安興湯渭頭的。湯渭頭村在曹家橋東面，本來不能算順路，但是因為沒有別的船，所以只好跟這條船商量了。這是一條半新的木船，是到石門糶糧食的，現在糧食已經賣完，正準備回去。

　　敘起來大家都是知道的。湯渭頭的人說：「好的好的，你們過來吧。」一口就答應了。於是章桂回蓉賡家搬取妻兒；道謝之後，一家人到北河口上了湯渭頭的木船。

　　船過五行涇後，去湯渭頭是要一徑往東的，現在因為要送章桂一家，得往北兜一個大圈子，但是湯渭頭的人很熱情，說：「沒關係的，沒關係的，我們到曹家橋彎一彎好了。」章桂是既感激又不好意思，一定要付一點「辛苦費」，但湯渭頭的人執意不肯受。

　　船到曹家橋村已近中午，扳梢之後，船就慢慢停靠在了曹家橋邊。

曹家橋村是以橋得名的，橋也就成了村子的中心。橋邊一條不算街的街，街上有幾家小小的商店。正午時候，農民歇晌，小學生放學，因此街上人來人往有些鬧熱。像曹家橋這樣的深鄉下，平時生活單調，難得有新鮮的事吸引人的眼球，有時誰家一口豬跑出來，掉到河裏，也會引來不少人圍著傻看。現在忽然見橋邊停了一隻船，船上坐了好像有七、八十來個人，又有那麼多行李，便紛紛圍攏來看熱鬧。他們一邊看，還一邊指手劃腳地議論說：「是來戲班子了吧？」

鄉村裏總是戲荒；來了戲班子，就意味著有戲可看了。最開心的當然是小孩子。小孩子一聽來了戲班子，就拍著手喊起來：「做戲了！做戲了！」

但是老年人很快認出來了，說：「不對呀！好像是章桂，占奎家的章桂。是章桂。章桂回來了。」

章桂拖家帶口站在自家門前了。雖然章桂知道面前這間房屋是自家的老屋，可是破破爛爛得已經不成樣子；門上一把鐵鎖早已銹蝕，門窗也已腐朽得七穿八洞了。拾起一塊斷磚，給了鐵鎖一下，「咔」的一聲，鎖就掉到地上。推門進去，一股陳年的陰濕黴味直刺鼻翼。抬頭望望屋頂，天就在樑椽間閃爍發光。忽然退堂裏鑽出一隻老鼠，待了一會又鑽進去了。看來，這老屋不修繕是根本無法居住的。這時鄰居大伯過來了，他請章桂一家暫過他家去歇腳。

對於老屋不能居住這一點，章桂事先是意料到的，他在和大隊聯繫回鄉的信中已經提及此事。大隊回信表示同意他回鄉，並且承諾住房問題大隊給以解決。儘管如此，章桂一回來還是先到

老屋，他想如果老屋可以將就，就不麻煩大隊吧。現在看來只好請大隊安排了。

章桂讓妻兒暫在鄰居家休息，自己馬上去大隊部所在地的廟頭村。雖是中午休息時間，大隊的幾位領導卻都在，其中一兩個年紀大一點的還認識章桂。支書說：「章桂你回來了，回來蠻好。房子一會叫人給你騰出來，就在附近，是一處改掉的地主房子，蠻寬舒的，住八口人，沒問題。」

章桂聽了，心情一下開朗起來，就千恩萬謝地謝過支書，回曹家橋去取戶口本，準備辦理戶口遷入手續。心想，戶口一落入，就可以去看房子了。

章桂興沖沖地拿了戶口本重新來到大隊部。

當時，辦理戶口遷移這事歸大隊會計負責。那時候人民公社以大隊為基本核算單位，會計一職非常重要，所以一般都由大隊支部委員擔任。辦理戶口這件事，政策性很強，所以也由會計兼管。

會計的職權這麼大，因此他的眼睛就長得有些高。會計接過章桂遞過去的戶口本和戶口遷移證。先看戶口本，一頁一頁看過去，沒有幾頁，縱然細看，也用不了三分鐘。他放下戶口本，拿起遷移證。遷移證只有一頁，但字多，看的時間長一點不奇怪。看著看著，會計的眉頭皺了起來，說：「你是右派啊。」

遷移證的備註一欄寫著：該人係右派分子。

章桂沒吱聲，他低下了腦袋。

會計說：「右派，這房子就不好安排了。」

這倒沒有料到。其實應當料到。章桂垂頭喪氣地離開大隊部，心想：這可怎麼辦呢？

最後還是堂大伯解決了他的困難。堂大伯說：「一筆寫不出兩個章字。我反正一個人，你們就住到我家來吧。──真真作孽喇！」

三

堂大伯家也不好算寬舒的。農村裏要囤糧，要看蠶，要堆放柴草，房子是不嫌大不嫌多的。堂大伯能接受章桂一家去住，也真是他的一片好心善心。他家是樓房，樓上有一間空房，章桂一家就在這間房裏安頓下來。住下來的第二天，章桂就下地幹活了。

就像章桂說過的，他本來就是農民，回鄉後很快就適應了。但還有一個問題需要解決，就是子女的就學問題。幾個小的還在上小學，村裏有小學；問題是大女兒明慧。明慧在重慶時已經上初中二年級了，可是曹家橋沒有中學，廟頭村、五行涇也沒有。明慧讀書是很聰明的，學習成績一直很冒尖。章桂知道珍惜女兒，也想為她擇一所好的學校。他拿了轉學證明去過桐鄉一中、二中，學校方面見孩子的學習成績很好，當然願意接受，但一看「表格」直系親屬一欄，父親是右派，就拒絕了。

最後，章桂只得到石門中學去賭賭運氣。心想如果再不行，只有對不住女兒，讓她輟學參加勞動了。

也算是僥倖吧。當時石門中學的校長也剛剛戴上右派帽子靠邊了，新校長還未到任，其餘幾位領導班子人員都不肯作主，因而章桂就直接去找初二年級的班主任許均鐸老師。

　　章桂知道，如果許老師肯接受章明慧，是很有可能要擔政治風險的，所以許老師不接受，他也決不怪他。但是許老師接受了，毫不猶豫地接受了。許老師對章桂說：「老章你放心，不能誤了孩子的學業，別人不收，我收。」

　　簡簡短短幾句話，真是金玉一般啊。章桂的心一下被說暖了，也被說酸了，眼淚管不住，就刷一下滾了下來。他連連說：「謝謝許老師，謝謝許老師，謝謝……」

　　章桂一家就這樣在老家生活了下來。全家八口主要靠章桂一個勞動力，而且他還拿不到全勞力十個工分，只能拿七分半。妻子是高度近視，又從小在城市裏長大，根本不會農活；再說一家八口人的衣食也夠她操勞的了。吃飯不要錢是實行過的，但時間很短很短；現在是吃飯憑工分，所謂的按勞分配。不管怎麼樣，章桂一家再艱難，日子總算過下來了。

　　誰知過了沒幾個月，發生了一件意外的事情。這件事情給這個家庭帶來了很大的麻煩。

　　妻子鳳珍不是高度近視麼？有一天下午，她發現馬桶滿了，就打算拎下樓到屋後的糞坑去倒掉。她拎起馬桶沒走幾步，忽然腳下一絆，人一搖晃，摔倒了，馬桶也跟著倒翻。樓下是大伯的房間，可想而知，這會造成什麼樣的後果。鳳珍慌了，趕緊爬起來奔到樓下。

　　一進大伯房間，果不其然，只見大伯的床上全是糞汁，一床絲綿被算是完了。

　　怎麼辦呢？鳳珍想到了拆洗。對了，趕緊拆洗也許還可以補救。她迅速找來剪刀，拆開被子，揭下被面，把沾了糞水的絲綿一綹一綹地扯下來，打算洗淨曬乾後重新翻進去。

正這麼緊張地工作著，大伯忽然回家來了。大伯這麼巧回來，其實也不是巧，今天幹活的地塊離家近，「吃煙」[註1]時回家轉轉是很平常的。大伯見鳳珍在拆他的被子，誤以為這女人眼皮子淺，偷他被子裏的絲綿，就非常氣憤，一句話不說就往外走。鳳珍還以為她惹下的禍叫大伯生氣了，就趕上去一個勁地解釋。鳳珍不是廣東人麼，她說的話大伯根本就聽不懂。比比劃劃說了半天，大伯才明白是怎麼回事。

事情是搞清楚了，但是堂大伯心裏有了多嫌的意思。或許他早就多嫌他們了，只是不好明說，現在找到了多嫌的理由。也是啊，本來一個人清清靜靜生活慣了，驟然來了那麼一家大小八口人，那會帶來多少有意無意的生活磕碰啊。應該說，生活總是由大大小小的磕碰組成的，普遍的煩惱便由此產生。幾個月來，堂大伯大概是受夠了，他向章桂明確表示了讓他們搬走的意思。

說起妻子的眼睛，九十歲的章桂苦笑著說：「近得實在出格。也曾陪她去『毛源昌』配過眼鏡。一驗光，老驗光師連連搖頭說，他替人驗了一輩子光，還從未見過有這麼深度的近視，根本無法配鏡。打個比方，跳遠，再厲害的運動員總該跳在沙坑裏吧，可她跳出沙坑外邊了。」章桂說：「她出門一定得有人扶著，否則就要跌跤。」

當然，章桂也知道，長期住在堂大伯家也總歸不是個事。現在既然老人發話了，就不好再賴在那裏了，又沒有其他可搬的地方，章桂只好搬回自家的老屋。老屋雖然破爛，其實不小，九路

註1：工間休息，嘉湖一帶農村叫「吃煙」。

頭[註2]呢。章桂撿了些木頭和斷磚破瓦，討了些礱糠和成泥漿，把破屋修補一番，一家人勉強住了進去。

<h2 style="text-align:center">四</h2>

章桂白天到地裏幹活，幹一天活掙七個半工分。後來有人代抱不平，說：「你們是男勞力，桂伯也是男勞力，他跟你們做一樣的生活，你們掙十分，他為什麼才七分半？不公平。」

其實誰都知道，不公平是因為章桂頭上有一頂右派的帽子。明明知道，還要「殺白血[註3]」，這就是生活之樹長青的一個理由吧。生產隊到底覺得有些過份了，後來給他增加半分，評成八分。半分雖少，但畢竟增加了。這同時也算在人權上（不是人格上）得到的一點點分額上的進步。也因為有這一點點進步，不久章桂又兼任了小隊會計，再次增加了收入。幾年後，他把這個位子「禪讓」給了女兒明慧。

章桂再怎麼爭取增加家裏的收入，因為基礎太低，生活還是非常困頓。雖在老家，親戚們卻指望不上。章桂回家後，不是沒想到過他的兩個親人，一個姐姐，一個妹妹。姐姐嫁在唐占基村，聽人說家境非常不好，章桂也就打消了求助的念頭。妹妹先是嫁到東浜頭村，婚後不久，丈夫就被日本人殺害了。後來再嫁

<hr>

註2：民間對房屋大小的大概估算。一根樑的進深為「一路」；「九路」，即有九根樑的進深。一所「九路」的三開間房屋，面積約為一百餘平米。
註3：「殺白血」，即抱不平。

在本村，丈夫是許世成的孫子，外號叫胡蜂阿大的。許家家境不錯，但妹妹做不了主，胡蜂阿大從不拿章桂當大舅子看，不肯幫助，一點也不肯。錢物上不肯，勞力上也不肯。舉一個例子：一次生產隊分柴草，章桂那天正好生病，在家躺著。別人都把柴草挑回家去了，章桂就托人去央胡蜂阿大幫個忙，但他不肯，結果還是別人幫助挑回來的。胡蜂阿大是生來冷漠，還是因為章桂是右派，他要劃清界線，不得而知。

章桂在老家，人人都知道他是右派，屬四類分子，人格上得不到起碼的尊重，不管老小都直呼其名。卻有一人例外，此人名叫朱克明，是五行涇集鎮上的一位醫生。朱克明醫師在五行涇一帶是出了名的有些傲，口碑不是很好，但他對章桂卻非常尊重，一直稱呼他為「章先生」。有一度章桂患了便祕，請他診治，他極是盡心，甚至親自為之摳糞。這讓章桂非常感動，卻無以為報。後來知道這位朱醫生喜歡書畫，章桂就把自己收藏的書畫全部送給了他，其中就有陳之佛的一幅花鳥，豐子愷的一幅漫畫。章桂記得，豐子愷這幅漫畫是幅寫實的漫畫。1945年8月14日，日本投降的消息傳來，舉國歡慶。那天晚上，章桂在沙坪壩豐家，因為興奮，他用雙手將年幼的新枚舉了起來。豐子愷即興把這一情景畫成一幅漫畫，並把這畫送給了章桂。

章桂在生產隊裏一年到頭拼死拼活地幹，年終結算，扣除糧食、柴草之後，還要倒找隊裏幾十元錢。1960年代初，接連三年的自然災害，一般農村人家糧食都不夠吃，而要以所謂「瓜、菜、代」來解決，章桂家不用說更加困難了。他們家時常揭不開鍋；揭不開鍋，就只好挨餓啊。

有一天，天將擦黑的時候，章桂家後門的河浜裏劃來了一條劃子船。劃子船在河灘上剛一停下，划船的就迅速跳上岸來。那人懷裏揣了一樣東西，三腳兩腳就進了章桂家後門。這人叫蔡大妹，是給生產隊放鴨的。

蔡大妹進屋後，將懷裏揣著的那樣東西掏出來，放到桌上。這東西用粗藍布衣裳裹著，扁扁圓圓的，形狀好像砧板。蔡大妹揭開衣裳，只見這東西由灰黃色的粗粒壓成，原來是一張糠餅！糠餅是配給鴨子的飼料，那時人都吃不上啊。一點不誇張，饑餓年代，一張糠餅就能救活一家人的命。對此時的章桂家，這張糠餅無疑是雪中送炭，甚至超過雪中送炭了。

蔡大妹對章桂說：「給孩子們墊墊肚子吧。」

章桂一時不知道該說什麼。

蔡大妹說：「桂伯，你太老實了。別人都上鴨棚拿糠餅，就你不來。你這麼多孩子，沒一口吃的怎麼行？」

章桂說：「我……我……」

蔡大妹說：「告訴你不得，大隊幹部半夜三更到鴨棚來殺鴨吃呢。——就許他們幹部吃鴨，不許社員吃幾張糠餅？」

章桂說：「我……我……」

蔡大妹說：「桂伯，你啥也別說了。過幾天，我再給你送一張來。」

眼見又將是年終了，生產隊的結算還沒有出來，但是口風已經吹過來，章桂家又是倒掛。倒掛橫是年年要倒掛的，但這年的缺口更大，說是要大幾十元呢！章桂真不知該如何應付了。

正在愁腸百結時，忽然有一天，好像天外飛來一樣，章桂破天荒收到了一張匯款單。一看匯款人：王子澄！章桂簡直不敢相信這張匯單是真的。

事後章桂才知道，光明書局經理王子澄久無章桂消息，就到處去打聽，可就是打聽不到。後來想到章桂的岳父周潤波，便去信廣州詢問，這才知道章桂一家幾年前就回到老家，而且景況非常不好，於是就給他匯了三十元錢。1960年代，三十元錢是一般工作人員一個月的工資，相當可觀了。

不久，朋友們陸續知道了章桂的處境，也都紛紛寄錢來，二十元三十元不等。這可幫章桂家解決大問題了；除了還清生產隊的倒掛賬，可以過一個像樣的年了。孩子們腳上的襪子早就補丁駄補丁了，這回有了錢，新衣服做不起，新襪子總該穿上吧。章桂就到村上的小店買襪子，每個孩子兩雙，買一打。商店的營業員也都是熟悉的，以為他買那麼多要去販賣。

這以後好像成了慣例，每到年底，章桂就會收到朋友們寄來的約有近兩百元的接濟款。是友情幫助章桂度過了一個又一個難度的年關。幾年中，給章桂寄錢的除了王子澄，還有解放後任上海出版局局長的方學武，新亞書店經理陳邦楨，巴金的五弟李濟生等。最叫章桂銘感於內的是馬一浮先生；馬先生也委託他的學生王星賢給章桂寄錢了。九十歲的章桂如今提起這些來，就禁不住淚光閃閃，他說：「我銘記著朋友們的恩德呢。可是我無以為報啊！」

朋友們的慷慨解囊，讓章桂感恩戴德。與此同時，也讓他生出一股怨尤。他思前想後，心潮起伏，怎麼也難以平伏。他幾次克制自己，告訴自己應當記住這個人的恩德，體諒這個人的心

情，可是他終於還是做不到。在最最困難的時候，章桂曾經給他寫過求助信，但是泥牛入海，沒有回音。現在朋友們主動幫上門來，連馬一浮先生也伸出援助之手了，你怎麼可以無動於衷呢？那僅僅是錢的問題麼？

　　章桂終於按捺不住自己，他給那個人寫信了，彷彿有誰牽著他的手似的。信的內容大致為：

> 你說「團圓骨肉幾家有？天於我，相當厚。」我認為天對你不一定厚，那是我們很多人，包括平玉、丙潮、我，還有車漢亮等幫了你。沒有我們幫你，你一家大小十餘口人，能從石門灣千里迢迢到江西到湖南到四川到廣西？我與你也算是患難與共，生死相依了，如今我遇到這麼大的困難，連馬先生都不忍心，援手相助了，你就一點同情心也沒有麼？
>
> 想當初，不是你親口對我父親說，保證帶我一同回來的麼？可你卻違背諾言，一個人帶了家眷回來了。我在重慶是舉目無親啊。後來吃了國民黨的官司，解放後又吃了共產黨的官司。我的父親病危，阿姐寫信讓我回去。我先是答應端午回去，後來又答應中秋回去，可是我回不去啊。除了沒錢，還沒臉啊！
>
> 我父親憋著一口氣一直在等我；他要見他的兒子，這口氣就不肯下來。可是我最終還是沒有回去，他絕望了。那年八月十七，他走了。他是含恨離開人世的。他一定非常痛恨我這個說話不算話的忤逆兒子的。回鄉以後，我借堂兄炳榮家的祭桌祭奠我的父親，我泣不成聲啊！

慈伯，我現在跟你說這些，並不是怨你，而是要告訴你我的難處。

慈伯，難道你真就這麼忍得下這顆心麼？

信寄出之後的幾天裏，章桂不免有些後悔，因為畢竟他深愛著豐子愷，知道他是個好人。人都是這樣的，憤激之氣上來的時候，會不顧一切衝動行事。等到事後想想，便後悔不疊，其實是行事本身把這氣釋放了。九十歲的章桂對著高天說：「我知道，慈伯其實是『舌甜』我的。我知道的。」

大約兩個星期之後，章桂收到了一封寄自上海的信。那自然是封回信了，不過寫信人不是豐子愷，而是豐華瞻。豐華瞻的回信，措辭也相當不客氣，大意是：

你既然當我的父親如你的父親一樣，那麼，他現在年紀大了，做子女的應該孝敬父母才對，你怎麼可以埋怨他沒有照顧你呢？你說你與父親患難與共，你是誰？我父親又是誰？你怎麼可以與我父親平起平坐？我父親當你子侄看待，你理應孝敬長輩，你居然反而要長輩來幫你？現在你已成家立業，我們做子女的都很孝敬父母，你也應當孝敬二老才是。

九十歲的章桂說：「華瞻的指責，有一點是站不住腳的。我認為人與人在人格上是平等的。」但是，章桂忍受了。心裏也平靜了。平靜得有道理，也沒道理。

　　《紅樓夢》第四十一回，賈母帶劉姥姥一群人到櫳翠庵。妙玉私下裏招待寶釵和黛玉吃梯己茶，寶玉偷偷跟了去。妙玉給釵、黛使用的茶杯是一「𤩷」一「點犀」，卻拿了一隻前番自己常日吃茶的綠玉門來斟與寶玉。寶玉就笑著說：「常言『世法平等』，他兩個就用那樣古玩奇珍，我就是個俗器了。」

　　這雖是句玩笑話，卻也道出了世俗生活裏人與人存在關係的一般方式。「世法平等」，跟「齊物」、「不二法門」、「假作真時真亦假」一個意思，是拒絕人間權力操作下的概念統治，天然地打破尊卑、貴賤等各種等級觀念，平等地對待一切生命，是佛家（尤其禪宗）和共產主義殊途同歸的終極目標。但是非常遺憾，在很長很長長到幾乎是永遠的一段現世裏，這樣的目標恐怕是難以達到的。舉個簡單的例子：某個領導人和普通人親切交談，就會被稱作「平易近人」。換成一個普通人，和另一個普通人親切交談，能被視為「平易近人」麼？

　　只要世上「尊卑」、「貴賤」這樣的觀念存在一天，「打破」無疑只是癡人說夢。但是話又得說回來，「世法平等」總歸是人類本性的一個訴求，尤其是對立兩極中處於「卑」「賤」一極的，他們的靈魂總會時時發出不平的抗爭。

【同期聲】

　　第74頁〔按：初稿頁碼，即本頁〕上的事，我略知一二。章桂哥寫的信有兩封。第一封是生活困苦的求援信。父親當時確實沒有接濟他。可能回了信，也可能是華瞻哥代筆，也可能沒回信。我不清楚的事不好隨便說。不過當時我也不是小孩了，我心中有點想法。覺

得人家怪可憐的，畢竟交情不淺。其實幫他一點也無不
可。不過我們家鄉有句話：「救急不救窮。」我家因為
父親用錢一手來一手去，確實也無餘款。況且這是父親
的事，我不便插嘴。誰料後來章桂哥又來了一封信，把
父親大罵一通，而且把一切都歸咎於父親沒「帶」他回
來之故。這就激起了父親極大的反感。當時的信我沒
看。不過我一是同情章桂哥的窮困無助，二是惋惜他來
勢太快。其實我父親有時多想想會回心轉意，會彙錢去
的。父親自己也說：「我本來倒是想彙的，被他這樣一
罵，我就不彙了！」這一切我還記得清清楚楚。所以章
桂哥的性格還是太火爆。不過我們不是身歷其境，怎能
說風涼話！況且他在抗戰期間對我們家的幫助確實是功
不可沒。我很同情他。兩年（？）前我到桐鄉主動到他
家訪問時，曾就此事向他致歉，不知他可記得？總之這
件事我感到確實對他抱歉。

——豐一吟批註

五

與豐子愷之間的離齬，幾十年來章桂也在時時檢討自己。他
仔仔細細地想過來又想過去，一遍一遍地梳理，只有一件事情他
認為有可能對他們不起。

自1942年8月章桂跟隨豐子愷去重慶進「藝專」工作後，每年
農曆正月初三這天，無論多忙，他總要回沙坪壩豐家，因為這一

天是他的生日，慈伯和孀媽會特別做幾個菜為他過生日。記不清哪一年了，章桂在大年初一得到王吉人的死訊。王吉人原是中華書局太原分局的經理，抗戰爆發後也逃難來到廣西柳州。王吉人那時已四十多歲，卻與章桂特別有緣，兩人結成了忘年之交，可說是情誼深厚。猛然聽到王吉人死訊，章桂非常悲痛，他差不多哭了整整一夜，第二天就病倒了。因為心思都在死者身上，一連幾天都緩不過勁來，就把過生日這事給忘了。事後章桂才知道，那天慈伯和孀媽一直等他到很晚很晚。他的失約讓慈伯非常生氣，他再三解釋了，可是沒用，從此豐家不再給他過生日了。

章桂的檢討也許不無道理，但我看也不盡然。的確，人與人之間有許多說不清道不明的東西，那是因為人有許多說不清道不明的情感絲縷。這跟道德什麼的扯不上關係，純粹是人秉性裏帶來的非常隱秘的情感因子。撇開畫家、文學家不說，豐子愷也是一個非常純粹的人。他真誠坦蕩，正直堅毅，人格絕對偉大。有一件小事，在豐子愷看來似乎不值一提，可是我一想起來常常會感動到熱淚盈眶。

這事我是由豐桂老師的回憶知道的。豐桂老師的文字樸素平實，卻有非凡的感染力。她是這樣敘述的：

> 新中國成立時，五爹爹已經七十四歲，無事可做。（抗戰期間他避難在農村，為了生活，收了幾十個農民子弟，教《百家姓》、《千字文》等古書，以維持生活。）其時子愷叔在杭州、上海，雖然自己經歷八年抗戰，子女又多，生活並不寬裕，但他還是記掛五爹爹，按月寄生活費給他。而五爹爹很節儉，每月給兒媳一定

的伙食費外，還要省下幾個錢給孫女明珍上學之用。逢年過節，子愷叔往往多寄點錢給五爹爹，但他捨不得用，就把多餘的錢積在床前桌上一隻小木箱中。木箱是終年上鎖的，十幾年下來，誰也不知他已積了多少。

1960年左右，五爹爹已八十多歲，他身體已大不如前，但還是每天出門去跑跑，這是他的習慣，不跑路是不舒服的。據平伯（五爹爹的兒子）說：1962年，五爹爹已八十七歲，半個月不大要吃飯了，但還是要出去，不過跑得近些。後來跑不動了，平伯與平孀媽在晚上看他很不舒服，常常兩人統夜輪流看護他。這時平伯夫婦也都六十多歲了，由於長期熬夜，眼睛都發紅了。五爹爹呢，因為難受，常常想起自己年輕時在惇德堂當外科醫生時，家中有砒霜，要平伯找找看，讓他吃些，早日歸天。

平伯說：「惇德堂早被日軍燒毀，何來砒霜？」

有時五爹爹實在難受，做做手勢，要兒子媳婦拿繩子來勒死他。

平伯說：「爸爸，你已高壽，我們也六十多歲了，此事不是我們幹的。」

總之，五爹爹無致命的病，一時歸不了天，看他難受，也只有聽其自然。

他在床上對平伯說：「桌上之小木箱，你們要等我死後才可開。我死了，不必拍電報去子愷處，只要將我寫好的信寄出就是。我的後事如何辦？開了箱你們自會明白。」

不久，五爹爹去世了，平伯打開桌上的小木箱，內有一信寫給愷叔：

「子愷侄：當你接到此信時，我已和你永別了。謝謝你在我晚年給我的幫助，使我生活安定。我去了，你不必再寄錢來料理後事，因為我已在你歷年寄我的錢中，積下辦理後事的費用。再次謝謝你。愚叔雲濱絕筆。」[註4]

需要再次強調一下的是，五爹爹豐雲濱並非豐子愷的嫡親叔父。這要從惇德堂的重建說起。據豐桂老師說，豐氏在石門灣有兩處祖宅，一處在大井頭，因為四落水，屋角翹起，狀如輪船頭，所以被稱為火輪船房子；另一處就是木場橋西塊的惇德堂。惇德堂其實早在洪楊（太平天國）之前就存在的，但洪楊來時毀掉了。1938年被日軍炸毀的惇德堂，是一座三開間三進的廳樓大宅院，那是後來由尚輝公重建的。因此，我們可以這麼認為：尚輝公才是惇德堂的真正始祖。

尚輝公有三個兒子，長名豐岱，次名豐侖，幼名豐峻。按傳統老屋的分家慣例是哥東弟西，但惇德堂分家稍稍有點不同，就是長、次分在左右，幼分在中間，即大哥豐岱和二哥豐侖分在兩邊，中間分給了三弟豐峻。這是為什麼呢？因為第一進中間是店面，三弟豐峻要開染坊，所以變通一下，讓三弟「居中」了。兄弟分家，爭多論少，甚至為一口鍋幾張瓦拳腳相加的，豐氏三弟兄分得這麼平靜，可見是書禮仁愛之家了。

從尚輝公以下，到豐子愷一代，已經是第五代了。歷來說，「君子之澤，五世而斬。」豐子愷是豐峻的曾孫，而五爹爹豐雲濱是豐侖的孫子，雖然同是姓豐，算作堂份，實在相隔已經很遠

註4：豐桂：〈惇德堂舊事〉。

了。因此，豐子愷說五爹爹是他的一個遠房叔父，因為同住在一個老屋裏，天天見面，所以很是親近。

豐桂老師的文章已經叫我們非常感動了，而豐子愷寫於1972年的散文〈五爹爹〉使得這種感動更加重了分量。

分量來自何處呢？來自〈五爹爹〉通篇寫了五爹爹一生的坎坷，一生的失意，一生的不幸，以及他的達觀長壽。文章沒有一個字提到自己曾經幾十年如一日地接濟、贍養過五爹爹。五爹爹是豐子愷的遠親，他本來沒有贍養義務，但他負起了這個義務。由於豐桂老師的文字，我們讀到了〈五爹爹〉裏的無字之文，感受到了豐子愷高尚的人格魅力。

那麼回過頭來看他與章桂的關係，又當如何解釋呢？

其實世上有許多事情是無法解釋的；人的感情、感覺尤其說不清楚。理性上通了，情感上不通；理性情感都通了，意識、潛意識不通。久熟生嫌，至親生分，惱羞成怒，戲言成仇，這些都不是什麼好的詞兒，可誰又能保證自己久熟不生嫌，至親不生分，惱羞不成怒，戲言不成仇呢？再通達的人，也有固執的時候；再柔弱的人，也有發威的瞬間，就是俗話說的「煨蠶豆發芽」。人人之間一旦裂痕生成，要完全彌合很難；即便雙方都有悔意，誠意，要想百分之百的和好如初，實際上已經做不到了，就像痊癒的傷口，總會留下疤痕一樣。很多這樣的情況與道德不發生關係，這也許就是人類的終極悲哀吧。可是話還得說回來，對於大部分人來說，儘管有過一些裂痕，但是大體上仍能保持良好的關係，也就是說，芥蒂歸芥蒂，友情歸友情。我想豐、章之間，大體也是這樣的情形吧。

事實上，此後章桂一直在努力改善他與豐子愷的關係，畢竟他終生愛戴他的慈伯和嬸媽。有跡象表明，其實豐子愷也在努力，畢竟他是一個高尚的人啊。

1966年文化大革命之前的幾年裏，章桂有過兩次去上海的機會。一次是生產隊通電了，要裝電燈，但買不到電線，隊裏派徐有福去上海採購電線，要章桂陪同一起去。大約他們認為章桂見過世面，有些經驗，上海又有熟人，萬一有什麼問題也方便解決；而所謂的「熟人」，當然是指豐子愷一家了。上海商店裏有電線賣，但一次不能多買，他們就只好多跑幾家商店，買夠需要長度的電線。

另一次是大隊組織幾個生產隊去上海賣番薯，指名叫章桂也去。那一次，他們將番薯船停靠在離外白渡橋不遠的蘇州河北岸，鋪塊跳板，在岸邊賣番薯。那時自然災害剛剛過去，糧食依然相當緊張。上海人見來了幾船番薯，都提著籃子拿著袋子爭相購買。在挑番薯上岸時，有小番薯掉到河裏，幾個貪小的上海人不顧手腕上戴著手錶，爭著搶著去撈取。

這兩次上海之行，章桂記得其中一次他抽空去豐家了。自1946年豐子愷帶全家復員離開重慶，章桂還是第一次去豐家。那一次，嬸媽要章桂陪她和陳寶、林先去南京路買東西。這就是說，嬸媽還是拿他當小輩看，沒有生分。這讓章桂非常感激，因而非常開心。

　　他們買好東西從一家公司出來，走在一條比較冷清的街上時，遇見了幾個小流氓。其時章桂走在前面，嬤媽和陳寶、林先走在後面，那幾個小流氓從弄堂裏鑽出來，企圖調戲陳寶姐妹，嬤媽就驚恐地叫起來：「章桂快過來！」

　　章桂回頭見了，立刻奔了過去。幾個小流氓見有男人保護，趕緊跑掉了。

　　1966年文化大革命開始以後，報上有刊登批判豐子愷的文章，章桂看到了非常擔心。他惦記慈伯，惦記嬤媽，惦記他們一家，常常在家裏念叨：不知慈伯、嬤媽怎麼樣了？挺到這年的秋天，他再也熬不住了，決定親自去一躺上海看看。那時他家沒條件養豬，只飼養了幾隻羊和一群雞。他就賣掉幾十個雞蛋，湊了路費去上海。

　　走前自然要去大隊請假、打證明，大隊幹部一下就猜到了，說：「你去上海，是上豐子愷家吧？」

　　章桂也不想隱瞞，說：「我不放心，去看看嬤媽他們。」

　　大隊幹部說：「我勸你還是不要去的好。去，對你不利。」

　　大隊幹部也許真的是好心，但章桂主意已定，心想，什麼利不利的，反正頭上已戴了帽子，頂多再給一頂；一頂帽子是戴，兩頂帽子也是戴。

　　在上海陝西南路長樂邨即39弄93號，章桂見到了嬤媽。嬤媽比起幾年前老了許多，人也有些憔悴，不問可知，那是為什麼。見到章桂，嬤媽又是意外，又是驚喜，當然還有一點點淒涼。她讓章桂趕快進屋，又是讓座又是沏茶。

　　那天，嬤媽不提自己家的遭遇，倒是詳細地詢問章桂的情況。章桂就告訴嬤媽近二十年來自己的景況，當然免不了訴說許多苦處。

嬸媽聽了很是難過，她說：「我們曉得你苦，但還是不要講它了。你就講一點開心的事情吧，講一點開心的事情。」

章桂想來想去全是痛苦的事情，哪來開心的事情呢？想了一會，他說：「好在孩子們都苦大了，最小的明安也已經十歲。是了，大女兒明慧二十歲了，對象也有了，就要結婚了。」

嬸媽一聽就高興起來，說：「好啊，好啊。」

她立刻起身到房間裏，拿來一條湖綠色的真絲圍巾，說：「也沒有什麼東西可以送給明慧，就送這條圍巾吧。」

說了半天話，章桂終於問起了豐子愷。這是他此行的第一目的，剛才彼此好像都在有意回避。他囁嚅地說：「慈伯他……」

嬸媽說：「他身體不爽，在樓上躺著呢。」

章桂就上樓去看豐子愷。豐子愷側身朝裏躺著。章桂進去，說：「慈伯，你好麼？」

豐子愷慢慢翻轉身來。

章桂見慈伯臉色枯黃，神情呆滯，心裏忍不住一酸，眼裏立時溢滿了淚水。他重複問了一句：「慈伯，你還好吧？」

豐子愷說了一個字：「好。」

章桂自己在床邊的一張椅子上坐下，一時沒了言語。他不知道該對慈伯說些什麼，問他的近況，怕勾起他傷心，不合適；訴說自己的艱難，當然也不合適，因而只好相對無言。這樣默默地坐了一會兒，他讓慈伯多多保重身體，就下樓去了。

嬸媽要準備午飯，就朝樓上喊新枚，說：「你章哥哥來了。」

豐新枚從樓上下來，見了章桂，說：「章哥哥，你好。」

章桂連說：「好，好。我來看看你爸爸媽媽。」

新枚說：「好。」說完依舊上樓去了。

這是在非正常的氣候裏一次非正常的會面。章桂見到慈伯和嬸媽狀態還可以，此行的目的他認為算是達到了。可是照我的分析，章桂此行，潛意識裏還應該有一個目的，那就是與豐子愷的情感和解。這個目的他達到沒有呢？從豐子愷和豐新枚冷淡的態度看，似乎沒有達到。但是，那是在那樣一種政治氣氛裏，冷淡是時代的症候。再說，相對無言也是情感交流啊。這麼說，他的目的還是達到了。章桂則堅定地相信：這一次，他與慈伯之間從內到外，從理到情已經全部和解了。

【同期聲】

新枚根本不知情。他本來就是這種性格，不善言詞。

——豐一吟側批

七

1975年4月的一天，章桂得到消息：豐子愷回故鄉石門灣來了，住在南聖浜他胞妹雪雪家裏。

豐子愷是1972年年底好不容易獲得所謂「解放」的。一解放，他就想出門去活動活動筋骨，散散積年來的鬱悶之氣。——他實在是憋壞了！轉年的清明，他由弟子胡治均陪同，去了一趟杭州，探望他的胞姐豐滿，即滿伯。在杭州與三姐歡聚之後，豐子愷自然想到了在故鄉的胞妹雪雪。但是下一年，即1974年他再度遭遇「黑畫展」，受到批判，故鄉之行遂作罷論。1975年2月，

石門鎮革委會邀請老畫家回故鄉「參觀」，於是最終促成了豐子愷同年4月的故鄉之行。

我們已經知道，南聖浜是距石門灣西北三、四里的一個小村子，和章桂家所在地的曹家橋村同屬八泉公社。從曹家橋去南聖浜，比去石門灣近了將近一半的路程。章桂得到消息的當天就去南聖浜看望豐子愷了。畢竟上海一別，差不多又過去了十年。

豐子愷的神情比起十年前在上海見到時好得多了，他把章桂介紹給他的學生胡治均，並且說：「我逃難時全靠章先生。」

我記不起哪位作家說的，說語言是一面多稜鏡，同一個語詞能折射出多重含義，甚至對立的含義。這當然不僅僅指文學語言，生活裏的人也常常會說出這樣的語言。

「我逃難時全靠章先生。」第一層意思是說出了一個基本事實。第二層意思是表示了感激之情。第三層意思，如果聯繫豐子愷與章桂之間曾經有過的不愉快，那麼這句話在一定程度上可以理解為，對章桂表示一些歉意和追悔。第四層意思，在這樣的場合，為兩個第一次見面的人做介紹，使用「先生」這樣的稱呼，表面看是一種尊重，但仔細辨析起來，還是聽得出比起從前的親密，有了疏遠的意思。

我的分析有沒有道理呢？我不敢肯定。但是章桂告訴我說：「慈伯對我的確比從前客氣了。」而這種客氣，讓章桂覺得不大好受。

聽了豐子愷的介紹，胡治均點了點頭，連連說道：「我知道，我知道，弟妹們跟我講起過的。」

豐子愷問章桂：「你吃煙麼？」

章桂說：「我不吃煙。」

豐子愷說：「我也沒有什麼東西可以送你；我只有香煙。我就送你幾包『大前門』香煙吧，你自己不吃，有客人來，可以招待的。」

那時候香煙是憑煙票供應的。江浙一帶，一般人抽的是「飛馬」和「利群」；「西湖」和「大前門」屬於高檔煙了。

豐子愷的外甥正東買了魚和蝦來招待客人，午餐是很豐盛的了。

豐子愷說：「我吃蝦不吃魚。」就對章桂說：「你明天再來，吃魚。」

【同期聲】

豐公吃魚的。

——豐一吟側批

這是豐子愷對章桂發出的正式邀請。聽得出，他是真的希望章桂再來。金庸說，一笑泯恩仇，但是沒那麼嚴重；只是想不出更恰切的話來形容了。寬厚地邀請別人再來，使別人感到高興，感到輕鬆愉快，同樣，自己也收穫了高興，收穫了輕鬆愉快。豐子愷發出的邀請是真誠的。

不敢爽約，第二天章桂又去了。章桂的堂嫂，即豐子愷的遠房堂妹七弟豐蘭洲掮了好多飯鑊糍，托章桂捎去送給豐子愷。章桂第三天還去，接連去了好幾天，直到豐子愷一行離開南聖浜回上海。

章桂為何天天往南聖浜跑呢？不用說當然是想和豐子愷在一起，想多陪陪他，多和他說說話。其實他是想找機會和慈伯作進

一步的溝通，讓他們的關係回復到緣緣堂時代，回復到杭州皇親巷、田家園時代，回復到離開南聖浜去桐廬去萍鄉去長沙去武漢的時代，回復到在桂林在重慶沙坪壩風生書店的時代。這個機會似乎找到了，又似乎沒有找到；幾天裏話說了不少，繞來繞去的好像總也說不到點子上。看來就是這樣了。此情可待成追憶，只是當時已惘然啊。

令章桂怎麼也想不到的是，南聖浜陪侍的這幾天，竟是他和豐子愷今生今世的永訣！章桂沒有機會了，豐子愷也是。人人之間的參商大抵如此，不免叫人遺憾，也叫人悲哀。這一年豐子愷七十八歲，章桂五十八歲。他倆想差整整二十歲。

豐子愷 和 逃難 這兩個漢字
章 桂

逃難・第無極站・重慶

風來晴雪異，時亨魚鳥若。

——馬一浮避寇述懷詩

1979年章桂已經六十二歲。秋天，一個明媚的日子，章桂穿上體面的衣裳，和他的小兒子明安離開石門灣，踏上了去四川的旅途。他們不是去旅遊，章桂這是送兒子去重慶工作的。

這年的春夏之交，重慶新華書店來人了。他們找到章桂，為他改正錯劃右派，恢復名譽，恢復工作，恢復民主建國會的會籍。歷史跟章桂開了一個天來大的玩笑；在他受夠二十年甚至更長的磨難之後，歷史彷彿又讓他回到了起點。但是，他已經到了退休年齡，沒有重新工作的機會了，好在政策允許，他可以把機會「禪讓」給兒子。於是就在這年秋天，一個美好的日子，章桂送他的兒子明安去重慶了。

四十五年前，章桂跟隨豐子愷離開石門灣，年紀比現在的兒子還小。情況也不同，那時是淒淒惶惶地逃難，風雨如磐啊；現在是堂堂正正送兒就業，風和日麗呢！算算四十五年前，費了多少時日，輾轉了多少地方，遭遇了多少風險，經受了多少驚嚇，這才到了重慶？今天多麼快捷呀，一路毫無羈絆，呼嘯著的火車彷彿眨眼之間就將他們父子帶入了巴山蜀水。

　　山城友好地接待了這一對父子。重慶新華書店的經理楊文屏是老熟人了，他原是三聯書店的舊人。見到章桂父子，楊文屏緊緊地握住他們的手說：「老章，你親自送來啊。」

　　小聚片刻，楊經理親自為章桂父子安排到招待所，說：「老章，你就多待幾天，會會老朋友，去故地走一走。」

　　第二天，書店的黨支部書記徐克揚到招待所來看望章桂父子。雖然章桂不認識徐克揚，但徐的父母從前也是幹書店這行的，說起來也都是熟人。對徐克揚來說，章桂是前輩了，因此對他非常尊重，一口一個「章先生」。

　　徐克揚陪章桂父子到文化局報過到，對明安說：「小章，你爸爸從前是書店的領導幹部，你可得要從職工從頭幹起呵。」

　　這是對明安說的，其實也是對章桂說的。章桂心裏明白，就笑了笑。

　　那天，徐書記非常客氣，一定要請章桂父子吃飯，說是盡盡地主之誼。

　　就這樣，明安很快上班了。章桂一方面還是不大放心，想多陪兒子幾天，另一方面也確是想會會老朋友，到從前待過的地方走走。

　　章桂在重慶待了差不多有兩個月。兩個月裏，章桂去看望了從前的一些同事、朋友，見到了曲潤路、袁子凱、宋宇。宋宇是豐子愷次女林先的小姑，即林先夫婿宋慕法的妹妹。宋宇現在化龍橋的一所中學教書。見到章桂，宋宇哭了，說：「章哥哥，你說說，我們有多少年沒見了？」

　　去方克敏家，是在一個晚上，章桂特地帶上了兒子明安。方克敏是1958年秋天章桂離開重慶時，特地趕到朝天門碼頭阻行的

女人。見到章桂，這位昔日的美女百感交集，她對明安說：「你一個人在這裏不要想家。有什麼事情儘管來找我好了，我就像你媽媽一樣，會幫助你的。」

兩個月裏，章桂去了不少地方。朝天門，沙坪壩，磁器口，這些地方，幾十年了，變化很大；還有些地方簡直認不出來了，浮屠關是全部拆掉了，連影子也沒有了。面對那些曾經留下過足跡，灑下過汗水，流下過血淚的地方，章桂一時犯起了迷糊：

這些地方是自己曾經生活過的麼？

豐子愷 和 逃難 這兩個漢字
章桂

後 記

　　連日的陰雨，今天放晴了。窗前那盆春天剛剛栽下的五彩繡球，經過雨水的洗禮，長出了好幾片新葉。早晨，柔弱的陽光斜斜地打在嫩葉上，那些葉子便通體透明，成了片片晶瑩的翡翠。枝頭居然長出了兩個花蕾，一個已漸漸開挺，趨向滾圓，花色為青藍中泛著紫紅；另一個依然骨朵著，蕾色在黃綠之間。這五彩繡球好似碧桃，同株而異花，但比諸碧桃另具一種庸常的嫵媚，是我未曾看見過的。

　　花了整整一個半月的時間，我寫完了這本小書，心呢就像窗前那盆繡球，爛漫莫名。

　　可是完成的喜悅持續沒多久就消退了，代之而起的是猶豫。幾位相知的朋友讀過書稿後說出了我心中的疑慮：這本書能得到豐家人的認可麼？

　　通過瑜蓀兄，書稿去到豐子愷女兒豐一吟先生那裏。不久前，經豐一吟先生披閱的書稿和一封對此稿的意見的間接長信送回到了我的案頭。我被豐一吟先生的豁達感動了。豐一吟先生在信中除了「只是站在書中人物家屬的立場上提出一些事實」供我參考外，也表示「對此稿的出版聽任張振剛先生的意見較好。」她還說：「我贊同張先生的一番話，大意是說：偉人並非沒有缺點。對偉人不是要一味地歌功頌德，也不妨寫他的缺點。——對

這觀點，我完全贊同，這樣寫反而真實。我還可以補充：即使寫錯了，也無妨，決不會影響偉人在藝術上和總的人品上的影響！」這就重新鼓起了我出版此書的勇氣。

我對書稿再次作了認真的修改，並且決定以「同期聲」拼版的形式，將豐一吟先生的批註插在相關的段落，以求歷史事實的更加客觀真實。

事實上，對同一個人同一件事有不同版本的敘述，是一件極其正常極其自然的事情。《搜神記》序裏說：「衛朔失國，二傳互其聽聞；呂望事周，子長存其兩說。若此比類，往往有矣。」距今至少一千六百年前的晉代海鹽人乾寶就有這樣的識見，何況現代的我們呢？

行文至此，不妨順便提及兩件事情。一件是民國二十三年即1934年的大旱，崇德縣農民上縣政府逼請縣長毛皋坤求雨。據說毛是個很高傲又很注重儀表的人，平時不管什麼場合，他總是西裝革履，一絲不苟。老百姓要他披蓑衣，戴箬帽，穿草鞋，跪在大毒日頭底下求雨，這簡直是要他上青天，他至死也不幹。於是農民們憤激起來，開始鬧事了。毛一看沒有辦法，只好命令衛隊開槍示警，平息事端。後來這事有了兩種說法：一種說法是衛隊放了一槍，打死了一個人；另一種說法衛隊放的是朝天槍，槍響之後，農民就嚇退了。事情一直鬧到省裏，不久之後，毛縣長也引咎去職了。還有一件事是有關豐子愷的。仍然是這位縣長毛皋坤，一種說法是說1936年春天，毛縣長專程去石門灣緣緣堂拜訪豐子愷，豐子愷便在門上貼出一張字條：「子愷有恙，謝絕訪客。」拒不接見。另一種說法是，這件事根本就子虛烏有。

　　兩件事各有兩種說法，都有可能吧。作為歷史，不妨並相留
存。當然了，乾寶還說過，「採訪近世之事，苟有虛錯，願與先
賢前儒分其譏謗。」我自然也非常贊成他的這一種態度。

豐子愷
章 桂 和 逃難 這兩個漢字

附錄一

豐子愷文章、日記、書信中提到章桂的三十處

1. 「八一三」事起，我們全家在緣緣堂。杭州有空襲，特派人[註1]把留守的女工叫了回來，把「行宮」鎖閉了。城站被炸，杭州人紛紛逃去鄉，我又派人把「行宮」取消，把其中的書籍器具裝船載回石門灣。（〈辭緣緣堂〉）

2. 晚快[註2]，就同陳寶和店員章桂三人走到緣緣堂去取物。先幾天吾妻已來取衣一次，這一晚我是來取書。……收拾了兩網籃，交章桂明晨設法運鄉。（〈辭緣緣堂〉）

3. 章桂自願相隨[註3]，我亦喜其幹練，決令同行。（〈辭緣緣堂〉）

4. 十一月二十一日[註4]下午一時，我們全家十人和族弟平玉，店友章桂，共十二人，乘了丙潮放來的船，離去石門灣，向十里外的悅鴻村（即丙潮家）進發。（〈桐廬負暄〉）

註1：特派之「人」，即章桂。
註2：1937年11月15日之晚快。
註3：時為1937年11月20日。
註4：1937年11月21日。
註5：豐氏逃難船與迎面而來的兵船。
註6：站在船頭上的一個兵。

5. 兩船[註5]背馳之後，他[註6]忽回轉頭來，向坐在我們的船頭上的章桂
   叫問：「喂！矮鬼子在什麼地方？」章桂一時聽不懂他的話，討
   一句添。那兵士重說一遍：「矮鬼子在什麼地方？」章桂還是聽
   不懂，回答他一個「不曉得」。（〈桐廬負暄〉）

6. 我同平玉、章桂、丙潮四人跟著他[註7]上岸，一邊問他消息。
   （〈桐廬負暄〉）

7. 我正在無地容身的時候[註8]，平玉和章桂來了。他們帶了一個船戶
   來，要我同到某處去講價。（〈桐廬負暄〉）

8. 於是我下個決心，托章桂（親戚）半途上岸，回到桐廬山中，陪
   老太太乘汽車南行，預約在蘭溪相會。（〈決心——避寇日記之
   一〉）

9. 晚快[註9]章桂從萍鄉城裏拿郵信來，遞給我一張明片[註10]，嚴肅地
   說：「新房子燒掉了！」（〈還我緣緣堂〉）

10. 近得安居於沙坪小屋，心情稍定。得吾婿慕法及表侄璋圭[註11]二人
    相助，遂將日記付刊。（《教師日記・付刊序》）

11. 十時四十分下課後返寓，途遇章桂。持醫生信催我即刻赴桂。因
    吾妻力民在桂林醫院患子癇症，要我去決定辦法。……夜宿崇德
    書店章桂床中（章桂留鄉）。（《教師日記》1938年10月24日）

12. 昨彬然帶來消息。吳敬生有車即日開宜山。請星賢即率眷赴桂林
    搭赴宜山。馬先生之意也。星賢正病，強起獨自赴桂林，商請緩

註7：停泊在拱宸橋的另一隻逃難船上的熟人張班長。
註8：在六和塔下，遭小茶館老闆的驅趕。
註9：1938年2月9日的晚快。
註10：明片，即明信片，是2月4日上海裘夢痕（豐子愷立達學園時的同
　　　事）寄發的。
註11：璋圭，即章桂。

日開車。如不成，即派章桂來接眷。（《教師日記》1938年12月13日）

13. 星賢返，章桂同到。星賢已與吳約定十六日赴桂林，其車至早十七日開行。（《教師日記》1938年12月14日）

14. 午同彬然從學校到車站，送王上車。章桂同行，一路照料。（《教師日記》1938年12月16日）

15. 下午丙潮自桂林步行來此，云昨日桂林被空襲，崇德書店被毀，幸章桂、楊子才等勇敢搶救，損失尚不大……聞章桂、楊子才考別機關已被錄取……（《教師日記》1938年12月29日）

16. 得陳曉滄兄電，云下學期浙大師院擬聘我為講師兼訓導。此電在途十三天。明日章桂赴桂林，擬即托其覆電應聘。章桂、丙潮均在我家。……章桂已受開明雇請，將在柳州服務，丙潮未定。（《教師日記》1939年1月8日）

17. 陸聯棠來覓船。我托學生義寧人李錫範、蘇元章寫介紹信，囑陸派章桂持信赴義寧雇船。……我決計船行赴宜山，章桂去找船時，當囑為定一大船，預定二月初起程。（《教師日記》1939年1月11日）

18. 章桂自義寧返，雇船事失望。當地只有小船三、四隻，且因除曆過年在即，都不肯開。（《教師日記》1939年1月17日）

19. 章桂在兩江覓船，不得。（《教師日記》1939年1月19日）

20. 天小雨，與章桂冒雨赴永福。途遇學生張銘瑾，及其親戚，四人同行。（《教師日記》1939年1月20日）

21. 章桂邀同張銘瑾覓船，不得。（《教師日記》1939年1月21日）

22. 天又雨，章桂覓船又不得。決定明天離此返兩江。雇轎二乘，令力民新枚坐其一，阿先坐其一。吾與寶、軟同章桂步行。（《教師日記》1939年1月22日）

23. 陸聯棠兄自桂林來，同章桂到圩雇船運貨。（《教師日記》1939
年1月26日）

24. 六人在兩江站候車至晚，不至。失望而返。大約桂林汽車發生問
題，是以不果來也。聯棠請在車站旁小飯店吃夜飯。此飯店乃站
中小工合開，其人全然不知烹調，諸菜味同嚼蠟。聯棠、章桂攘
臂而赴，自赴灶上燒蛋。完全家鄉作風。（《教師日記》1939年
1月27日）

25. 午彬然、丙潮連袂而來，章桂為廚師，辦菜尚豐。……傍晚金士
雄、陸劍秋、張阿康來，即日將偕章桂乘船押貨赴柳州宜山。
（《教師日記》1939年2月5日）

26. 章桂、陸劍秋、張阿康三君今午開船押貨赴鹿寨。吾托帶網籃、
竹凳去。（《教師日記》1939年2月7日）

27. 今晨同士雄赴新圩雇舟。代雇者黎君，乃學生張銘瑾之戚，為言
近日春水大漲，船行至鹿寨僅一日，至柳州亦不過三五天。並約
一星期左右代為物色一大船。前章桂來信，言途中山水甚奇。吾
今已得舟，正喜不自勝。（《教師日記》1939年2月25日）

28. 抵柳已晚九時。……十時曾宗岱偕章桂來。共赴市中晚餐。
（《教師日記》1939年4月7日）

29. 晨八時開車，宗岱、桂榮[註12]來送別。（《教師日記》1939年4月8
日）

30. 我意你有書運來，可交章桂，或由他代售，或者由他托別的書店
代售，均可。章桂生長我家，猶似子侄，對我甚是忠誠，最可靠
也。（《致黎丁信》1943年11月21日）

註12：桂榮，即章桂。

附錄二

章桂逃難簡歷

- 1934年春～夏　石門灣　豐同裕染坊學徒（十七歲）

- 1934年夏～1937年夏　隨豐子愷寓居杭州：
  1934年～1936年　皇親巷
  1936年～1937年　田家園

- 1937年11月21日　隨豐子愷一家開始逃難（二十歲）

- 1937年11月21日～12月21日　桐廬

- 1937年12月21日～1938年2月前後　萍鄉

- 1938年3月12日～8月漢口　開明書店漢口分店店員（二十一歲）

- 1938年8月～1939年1月　追隨豐子愷去桂林：
  1938年9月1日～12月28日　崇德書店店員
  1938年12月28日～1939年1月　桂林開明書店店員

· 1939年1月～1939年年底或1940年年初　柳州：

柳州開明書店店員兼建設書店店員

上海雜誌公司柳州分公司代理經理（二十二歲）

· 1939年年底或1940年年初～1942年8月　桂林：

1939年年底或1940年初～1940年年底　東方圖書公司店員

1941年年初～1942年8月　世界書局桂林分局經理

（期間1941年5月協辦廣西文化供應社重慶辦事處）

（二十五歲）

· 1942年8月～1958年秋　隨豐子愷去重慶：

1942年8月～1943年秋　國立藝專出納股主任（二十六歲）

1943年秋～1944年　販書桂林重慶間（二十七歲）

1944年～1952年　創辦萬光書局　後併入聯合書店：

1945年11月　結婚（二十八歲）

1948年　「頂」進「三聯」遭國民黨逮捕（三十一歲）

1949年　兼任重慶聯合圖書出版社理事會主席（三十二歲）

1950年　出席全國出版工作會議（三十三歲）

1951年　「三五反」運動中遭誣陷被捕（三十五歲）

1952年冬～1956年　失業（三十九歲）

1956年～1958年春　新渝書店中一門市部經理（四十一歲）

1958年春～秋　被錯劃右派　下放南桐礦區農村

· 1958年秋～1979年　桐鄉八泉廟頭村：

1958年秋　離開重慶回鄉

1958年～1978年　農民（六十一歲）

1958年～1979年　平反　落實政策（六十二歲）

國家圖書館出版品預行編目

豐子愷、章桂和「逃難」這兩個漢字 / 張振剛
著. -- 一版. -- 臺　北市：秀威資訊科技,
2009. 05
　　面；　公分. -- （史地傳記類；PC0083）
BOD版
ISBN 978-986-221-225-7（平裝）

1. 豐子愷　2. 傳記

782.886　　　　　　　　　　　　98007450

 史地傳記類　PC0083

豐子愷、章桂和「逃難」這兩個漢字

作　　　　者 / 張振剛
主　　　　編 / 蔡登山
發　行　人 / 宋政坤
執 行 編 輯 / 藍志成
圖 文 排 版 / 鄭維心
封 面 設 計 / 陳佩蓉
數 位 轉 譯 / 徐真玉　沈裕閔
圖 書 銷 售 / 林怡君
法 律 顧 問 / 毛國樑　律師
出 版 印 製 / 秀威資訊科技股份有限公司
　　　　　　台北市內湖區瑞光路583巷25號1樓
　　　　　　電話：02-2657-9211　傳真：02-2657-9106
　　　　　　E-mail：service@showwe.com.tw
經　　銷　　商 / 紅螞蟻圖書有限公司
　　　　　　台北市內湖區舊宗路二段121巷28、32號4樓
　　　　　　電話：02-2795-3656　傳真：02-2795-4100
　　　　　　http://www.e-redant.com

2009 年 5 月　BOD 一版
定價：270 元

讀 者 回 函 卡

感謝您購買本書,為提升服務品質,煩請填寫以下問卷,收到您的寶貴意見後,我們會仔細收藏記錄並回贈紀念品,謝謝!

1.您購買的書名:_____

2.您從何得知本書的消息?

　□網路書店　□部落格　□資料庫搜尋　□書訊　□電子報　□書店

　□平面媒體　□ 朋友推薦　□網站推薦 □其他_____

3.您對本書的評價:(請填代號　1.非常滿意 2.滿意 3.尚可 4.再改進)

　封面設計____ 版面編排____　內容____　文/譯筆____　價格____

4.讀完書後您覺得:

　□很有收獲　□有收獲　□收獲不多　□沒收獲

5.您會推薦本書給朋友嗎?

　□會　□不會,為什麼?_____

6.其他寶貴的意見:_____

_____

_____

_____

讀者基本資料

姓名:_____ 年齡:_____ 性別:□女 □男

聯絡電話:_____ E-mail:_____

地址:_____

學歷:□高中(含)以下　□高中　□專科學校　□大學

　　　□研究所(含)以上 □其他_____

職業:□製造業 □金融業 □資訊業 □軍警 □傳播業 □自由業

　　　□服務業 □公務員 □教職　□學生 □其他_____

To：114

台北市內湖區瑞光路 583 巷 25 號 1 樓

秀威資訊科技股份有限公司　　　收

寄件人姓名：

寄件人地址：□□□

- -
(請沿線對摺寄回,謝謝!)

秀威與 BOD

BOD（Books On Demand）是數位出版的大趨勢，秀威資訊率先運用 POD 數位印刷設備來生產書籍，並提供作者全程數位出版服務，致使書籍產銷零庫存，知識傳承不絕版，目前已開闢以下書系：

一、BOD 學術著作—專業論述的閱讀延伸
二、BOD 個人著作—分享生命的心路歷程
三、BOD 旅遊著作—個人深度旅遊文學創作
四、BOD 大陸學者—大陸專業學者學術出版
五、POD 獨家經銷—數位產製的代發行書籍

BOD 秀威網路書店：www.showwe.com.tw
政府出版品網路書店：www.govbooks.com.tw

永不絕版的故事·自己寫·永不休止的音符·自己唱